Christian Somnitz
Materialien und Kopiervorlagen
zur Klassenlektüre

Mark Twain

TOM SAWYERS ABENTEUER

Hase und Igel®

Inhalt

© 2006 Hase und Igel Verlag GmbH, München
www.hase-und-igel.de
Illustrationen: Heiner Rothfuchs (aus der Lektüre) und Uta Fischer

ISBN 978-3-86760-357-7
5. Auflage 2021

„Tom Sawyers Abenteuer" – Das Buch im Unterricht

Das Buch

„Humorist und Sozialkritiker", so ist das erste Kapitel in einer der meist-verbreiteten Mark-Twain-Biografien überschrieben (verfasst von Thomas Ayck, Näheres im Literaturverzeichnis am Ende des Materials). Schlägt man in dem umfangreichen, von Günter Lange herausgegebenen „Taschenbuch der Kinder- und Jugendliteratur" nach, so stellt man fest, dass dort unter so unterschiedlichen Überschriften wie „Adoleszenzroman", „Abenteuerroman", „Kriminalroman", „Liebesgeschichte" oder „Schulgeschichte" Bezug auf Twains „Tom Sawyer" genommen wird. Auch zu den „Lausbubengeschichten" wird er hin und wieder gezählt. All diese Zuordnungen haben ihre Berechtigung und gerade seine Vielfalt begründet die bis heute ungebrochene Attraktivität des Romans.

Ein weiterer Grund ist sicher der, dass Mark Twain sehr genau weiß, wovon er schreibt: Das Städtchen Hannibal am Mississippi, in dem er selbst aufgewachsen ist, dient als Vorbild für das fiktive St. Petersburg, in dem Tom Sawyer lebt. Nicht zuletzt aufgrund der Tatsache, dass Twain selbst als Mississippi-Lotse gearbeitet hat (sogar sein Pseudonym „Mark Twain" ist von einem Lotsenruf hergeleitet), gelingt es ihm besonders gut, die Atmosphäre am „Ol' Man Mississippi" einzufangen und literarisch auszuschöpfen.

Der Roman „Tom Sawyers Abenteuer", der von Mark Twain ursprünglich gar nicht als Jugendbuch gedacht war, ist aus der Jugendliteratur nicht mehr wegzudenken. Andererseits lassen die satirischen und spöttischen Untertöne ahnen, warum Mark Twain selbst zunächst in einem Brief an einen Freund betonte, er habe das Buch ausschließlich für Erwachsene geschrieben.

Der Text der Schulausgabe von „Tom Sawyers Abenteuer", auf den sich das vorliegende Unterrichtsmaterial bezieht, wurde von Christian Somnitz unter Zuhilfenahme älterer deutscher Übersetzungen nach dem englischen Original völlig neu bearbeitet und gekürzt. Dabei wurden auch die Ratschläge des Literaturwissenschaftlers Dieter Petzold beherzigt, der unter dem Titel „Die Rezeption klassischer englischsprachiger Kinderbücher in Deutschland" in einem Aufsatz Übersetzungsprobleme – und -fehler – unter anderem anhand von „Tom Sawyers Abenteuer" erörtert. Um nur ein Beispiel zu nennen: Es wurde darauf verzichtet, den Dialekt des Sklavenjungen Jim durch ein übertrieben gebrochenes Deutsch wiederzugeben und ihm dadurch indirekt eine geringe Intelligenz zu unterstellen.

Damit eine Ganzschrift für die gemeinsame Lektüre in den Klassen 5 bis 7 sinnvoll eingesetzt werden kann, darf sie einen bestimmten Umfang nicht überschreiten. Im Falle des „Tom Sawyer" war darum eine erhebliche Kürzung erforderlich, die sich aber aufgrund der Episodenhaftigkeit mancher Romanteile gut motivieren und umsetzen lässt. Was dabei – sowohl unter dem Gesichtspunkt des Umfangs als auch unter dem der Verständlichkeit für die Schüler – weitgehend gestrichen werden musste, sind die Passagen, in denen sich der auktoriale Erzähler mit spöttisch-ironischen, manchmal geradezu sarkastischen Kommentaren zu Wort meldet. Auch satirisch überzeichnete Szenen (z. B. beim Gottesdienst und in der Sonntagsschule) wurden erheblich gekürzt oder ganz weggelassen.

So liegt der Schwerpunkt des Romans nunmehr – dem Lesealter ab elf Jahren angemessen – eher auf dem Abenteuer- als auf dem Satireaspekt des Romans. Ein paar der gestrichenen Passagen werden jedoch im Material aufgegriffen.

Anders als das englischsprachige Original, das aus 36 Kapiteln besteht, wurde die Kapitelzahl in der vorliegenden Schulausgabe auf 25 reduziert.

---

[1] Der Aufsatz ist erschienen in: Hans-Heino Ewers / Gertrud Lehnert / Emer O'Sullivan (Hrsg.): Kinderliteratur im interkulturellen Prozess. Studien zur Allgemeinen und Vergleichenden Kinderliteraturwissenschaft. Stuttgart (Metzler) 1994. S. 78–91.

Das Material

Das Begleitmaterial greift verschiedene inhaltliche, sprachliche, historische und gesellschaftlich-ethische Aspekte des Romans auf. Insgesamt gliedert es sich in sechs Abschnitte. Nach einigen Anregungen zur Heranführung an die Unterrichtsreihe (ab Seite 5) folgen ab Seite 10 vier größere Abschnitte mit Unterrichtsvorschlägen, die sich am chronologischen Handlungsablauf des Romans orientieren. Im letzten Abschnitt (ab Seite 39) befinden sich Unterrichtsvorschläge, die entweder unabhängig von einem bestimmten Kapitel oder erst dann sinnvoll einzusetzen sind, wenn die Schülerinnen und Schüler bereits den gesamten Roman gelesen haben.

Jeder Abschnitt beginnt mit einem Lehrerteil, in dem sich Hinweise zu den Kopiervorlagen sowie zusätzliche Vorschläge für Gesprächs- oder Schreibanlässe befinden (siehe z.B. Seite 11 f.).

Darüber hinaus gibt es hier auch Zusatzinfos zu bestimmten Orten, Personen und Begriffen (in den grauen Kästen) sowie Anregungen für die kreative Auseinandersetzung mit den in der Lektüre angesprochenen Themen (Kreativ aktiv, siehe z.B. Seite 13). Unmittelbar im Unterricht einsetzbare Kopiervorlagen (KVs) runden jeden der sechs Abschnitte ab. Bei den vier Teilen zum Romaninhalt beginnt der Lehrerteil jeweils mit einer kurzen Inhaltsangabe der betreffenden Kapitel (Seite 10, 18, 25 f., 32 f.).

Um eine thematische Orientierung innerhalb des Unterrichtsmaterials zu erleichtern, sind die Kopiervorlagen mit einem der folgenden Signets versehen:

Schauplatz	Gesellschaft	Abenteuer
Mordfall	Liebesgeschichte	
Aberglaube	Stil, Entstehung und Rezeption	

Dies bedeutet nicht, dass ausschließlich das symbolisierte Thema aufgegriffen wird, sondern lediglich, dass es auf diesem Arbeitsblatt im Mittelpunkt steht.

Den einzelnen Arbeitsaufträgen auf den KVs sind zur besseren Orientierung folgende Symbole vorangestellt:

schreiben   lesen   diskutieren

Willkommen am Mississippi! (Einstimmung auf die Lektüre)

Als Hinführung zur Lektüre „Tom Sawyers Abenteuer" kann über das gemeinsame Betrachten einer Buchillustration (z.B. des Titelbildes) oder durch eine gemeinsame „Schauplatzbereitung" (siehe „Kreativ aktiv" auf Seite 6) bei den Schülern Neugier geweckt und die Fantasie angeregt werden. Alternativ (bei ausreichend Zeit auch ergänzend) ist es möglich, den Schülern zu Beginn zumindest in Grundzügen den Ort des Romangeschehens vorzustellen.

Die Atmosphäre einer Kleinstadt am Mississippi um die Mitte des 19. Jahrhunderts ist keine beliebig austauschbare Kulisse – im Gegenteil! Die Faszination, die „Tom Sawyer" seit seinem Erscheinen auf Generationen von Lesern (und Leserinnen) ausübt, beruht ganz entscheidend auf eben dieser zeitlichen und räumlichen Verankerung. Die Welt von St. Petersburg, die Mark Twain anhand von Erinnerungen an seine eigene Kindheit im Städtchen Hannibal geschaffen hat, verleiht dem Roman erst seine eigene Prägung. Nur zu *dieser* Zeit und an *diesem* Ort können Tom Sawyer und Huckleberry Finn ihre Abenteuer erleben.

Bei der Arbeit mit dem Sachtext auf der Kopiervorlage (Seite 7) und mit den Zusatzinformationen zu St. Petersburg (s. rechts) soll darum erst in zweiter Linie Faktenwissen vermittelt werden – und auf keinen Fall soll Mark Twains Roman als Vehikel zur Informationsvermittlung missbraucht werden. Es geht vielmehr darum, die Welt des Tom Sawyer vor den Augen der Schüler lebendig werden zu lassen.

Zu den Kopiervorlagen

KV
Seite
7–9

Am Mississippi/Mississippi-Quiz

Da sowohl der zeitliche Hintergrund als auch der Schauplatz des Romans den meisten Schülern fremd sein dürfte, gibt die Kopiervorlage auf Seite 7 zunächst in einem Sachtext einen ersten Einblick in das Leben am Mississippi um die Mitte des 19. Jahrhunderts. Bei Bedarf liefern die folgenden Zusatzinformationen zum Schauplatz St. Petersburg weitere Fakten. Mithilfe eines Atlas lokalisieren die Schüler dann auf einer Karte der USA den Mississippi und den fiktiven Ort der Handlung, das Städtchen St. Petersburg. Fächerverbindend mit Erdkunde oder Sozialkunde kann im Vorfeld der Unterrichtseinheit auch über die Vereinigten Staaten (geografisch, politisch, wirtschaftlich) gesprochen werden.

Die 16 Quizfragen (Seite 8 f.), die die Schüler aus dem Gedächtnis beantworten sollen, überprüfen auf spielerische Weise das Gelernte.

Lösung

Seite 7: Der Mississippi fließt durch das Gebiet folgender zehn Bundesstaaten der USA: Minnesota, Wisconsin, Iowa, Illinois, Missouri, Kentucky, Arkansas, Tennessee, Mississippi, Louisiana.

Seite 8/9: Mississippi-Quiz: 1 a), 2 c), 3 a), 4 b), 5 d), 6 a), 7 c), 8 b), 9 d) 10 a), 11 c), 12 b), 13 d), 14 d), 15 a), 16 c)

Der Schauplatz St. Petersburg

Städtchen wie St. Petersburg, die erfundene Heimatstadt Tom Sawyers, gab es viele. Manche von ihnen hatten nur ein paar Hundert Einwohner, mehr als zwei- bis dreitausend Menschen lebten wohl in keiner von ihnen. Und doch waren diese Städte nicht einfach größere Dörfer, denn sie hatten alles, was eine Stadt braucht: einen Bürgermeister, ein Gericht, einen Anwalt, eine Schule, eine Kirche, ein Gasthaus, eine eigene Zeitung usw.

Ihren Lebensunterhalt verdienten die meisten Einwohner als Bauern oder Handwerker. Uns heute – und wohl auch manchen Zeitgenossen – kommt die Lebenswelt in diesen Städtchen bisweilen recht eng und spießig vor: Man hatte sehr genaue Vorstellungen davon, was „sich gehörte" und was nicht oder was „man tat" und was nicht. Außerdem war sehr genau festgelegt, wer zur sogenannten „guten Gesellschaft" gehörte und mit wem man lieber nicht verkehrte.

Gesprächs- oder Schreibanlässe

Oh beautiful America
- War jemand aus der Klasse schon einmal in den USA? Wo? Erzähle.
- Was weißt du aus Filmen, Büchern … über die USA?

Wer kennt Tom Sawyer?
Kennst du Tom Sawyer bereits aus Filmen oder Büchern? Was weißt du über ihn? Erzähle.

Kreativ aktiv

Methode „Schauplatzbereitung"

Unter „Schauplatzbereitung" versteht man eine Methode, die lange Zeit vor allem im Religionsunterricht oder in der offenen Bibelarbeit (sowohl mit Kindern als auch mit Erwachsenen) praktiziert wurde. Sie eignet sich aber auch für den Literaturunterricht, wenn es darum geht, sich einen Handlungsort sinnlich zu vergegenwärtigen:

Die Klasse sitzt im Kreis. In der Mitte bereitet die Lehrerin/der Lehrer mit verschiedenfarbigen Tüchern und unterschiedlichen Gegenständen den „Ort des Geschehens" und erzählt parallel dazu die Ereignisse bzw. schildert die Situation, in der das Geschehen einsetzt. Im vorliegenden Fall kann das z. B. folgendermaßen aussehen:

> „Die Geschichte, mit der wir uns in den nächsten Wochen befassen wollen, spielt an einem großen, breiten Fluss, dem Mississippi. (→ *Ein blaues Tuch wird wie ein Flusslauf ausgebreitet.*)
>
> Die Ufer sind mal flach, mal felsig (→ *Einige größere Kieselsteine werden unregelmäßig entlang des „Flusses" verteilt.*) und werden von dichtem Wald gesäumt. (→ *Zwei grüne Tücher werden parallel zum „Fluss" gelegt.*)
>
> Auf dem Mississippi fährt ab und zu ein Raddampfer. (→ *Ein Bauklötzchen o. Ä. wird als Dampfer auf den „Fluss" gestellt.*) Gelegentlich sieht man auch Ruderboote oder ein Floß. (→ *Kleinere Bauklötzchen oder Legosteine symbolisieren die Ruderboote, als Floß werden Streichhölzer parallel zueinander in den „Fluss" gelegt.*) Irgendwo im Fluss befindet sich eine Insel. (→ *Ein größerer Kieselstein wird als Insel im „Fluss" platziert.*)
>
> Die Ufer entlang verlaufen schmale Landstraßen. (→ *Zwei schmale, braune Stoffbahnen werden zwischen „Fluss" und „Wald" drapiert.*)
>
> An einer dieser Straßen liegt ein Städtchen. Es ist so klein, dass man es schon beinahe als Dorf bezeichnen muss. (→ *Die Tücher werden so verschoben, dass an einem Ufer eine größere Fläche frei wird, in der jetzt die Stadt entsteht. Achtung: Das Städtchen sollte nicht genau gegenüber der Insel liegen.*)
>
> Zu dem Städtchen gehören mehrere Wohnhäuser mit Gärten und Ställen, eine Kirche, zwei Gasthäuser und ein Rathaus. (→ *Die Gebäude werden durch kleine Häuser, z. B. aus einem Monopoly-Spiel, oder einfach durch Steinchen symbolisiert. Als Gärten können ein paar grüne Filzstückchen oder einige Grasbüschel hingelegt werden.*)
>
> Um das Städtchen herum befinden sich ein paar Felder, auf denen Mais und Weizen angebaut wird, und ein paar Weiden. (→ *Als Symbol für die Felder können Kornähren oder einfach ein paar Weizenkörner dienen.*) Irgendwo zwischen den Feldern in Richtung Wald ist ein Friedhof (→ *kann durch ein einfaches Kreuz symbolisiert werden*).
>
> Das kleine, verschlafene Städtchen, das wir jetzt sehen, heißt St. Petersburg. Dort lebt Tom Sawyer. Und um seine Abenteuer soll es in den nächsten Wochen gehen. […]"

Nachdem die „Schauplatzbereitung" auf diese Weise eingeführt ist, kann später immer wieder auf die Methode zurückgegriffen werden. Wenn Sie eine Materialkiste mit Tüchern, Steinen und weiteren Utensilien für diesen Zweck zusammenstellen, haben Sie die Möglichkeit, die Schülerinnen und Schüler selbst bestimmte Schauplätze (z. B. den Handlungsort eines einzelnen Kapitels) gestalten zu lassen. Auf Textstellen, die sich hierfür besonders eignen, wird im weiteren Verlauf des Materials verwiesen.

Ein Titelbild weckt Erwartungen

Auf dem Titelbild des Buches „Tom Sawyers Abenteuer" ist ein Junge zu sehen, der am Ufer eines Flusses auf einem Baum sitzt. Schau dir das Bild genau an und überlege dir eine Geschichte, die dazu passt. Was könnte der Junge alles erleben? Erzähle in der Ichform und schmücke deine Geschichte zu einem spannenden Erlebnisbericht aus.

Am Mississippi

„Tom Sawyers Abenteuer" spielt um 1840 in einer kleinen Stadt am Mississippi.

 Lies den Text und unterstreiche wichtige Informationen.

„Ol' Man River" – Der Mississippi

Der Mississippi, an dem Toms (erfundene) Heimatstadt St. Petersburg liegt, ist der größte Fluss Nordamerikas. Er entspringt im Norden der USA, nahe der Grenze zu Kanada, im Gebiet der Großen Seen und fließt dann fast 4000 Kilometer nach Süden. Bei New Orleans, im Südosten der USA, mündet er in den Golf von Mexiko, der zum Atlantischen Ozean gehört. 1812 fuhr auf ihm der erste Raddampfer, eines der ersten Dampfschiffe überhaupt.

In der Gegend, in der „Tom Sawyer" spielt – also nahe St. Louis, wo der Missouri in den Mississippi mündet – ist der Mississippi stellenweise bis zu 1,3 km breit. (Zum Vergleich: Die Breite des Rheins bei Köln beträgt gerade einmal 400 m!)

In der ersten Hälfte des 19. Jahrhunderts begannen weiße Siedler damit, die riesigen Waldgebiete zu roden und landwirtschaftlich zu nutzen.

1840 waren die Indianer schon seit einigen Jahrzehnten aus der Gegend vertrieben worden. Doch es gab noch genug Menschen, die sich an die blutigen Schlachten, die 20 bis 30 Jahre getobt hatten, gut erinnern konnten. Außerdem gab es westlich in gar nicht so weiter Entfernung immer noch Gebiete, in denen sich die Indianer, die rechtmäßigen Herren des Landes, verzweifelt gegen die Übermacht der weißen Einwanderer zur Wehr setzten.

Wie wichtig der Mississippi sowohl den indianischen Ureinwohnern als auch den weißen Einwanderern war, zeigt sich in den ehrfurchtsvollen Namen, den sie dem gewaltigen Fluss gaben: „Missi Sepe", also „Vater der Wasser", nannten die Indianer den mächtigen Strom, und die Weißen sprachen vom „Ol' Man Mississippi", vom „Alten Mann Mississippi".

 Kennst du dich am Mississippi aus? Trage in die Karte ein.
Du kannst einen Atlas zu Hilfe nehmen.

– Markiere den Mississippi blau.

– Wo ungefähr liegt das erfundene Städtchen St. Petersburg?

 Welche Bundesstaaten der USA liegen am Mississippi?
Nenne mindestens drei davon.

Mississippi-Quiz (1)

 Was hast du dir über Toms Heimat gemerkt?
Kreuze jeweils die richtige Antwort an.

1) Wie hat Mark Twain Toms
Heimatstädtchen genannt?

   a) ☐ St. Petersburg

   b) ☐ Santa Fe

   c) ☐ St. Peterborough

   d) ☐ St. Paulsburg

2) Wann spielt die Geschichte von
Tom Sawyer?

   a) ☐ um 1480

   b) ☐ um 1940

   c) ☐ um 1840

   d) ☐ im 18. Jahrhundert

3) Wo entspringt der Mississippi?

   a) ☐ im Norden der USA

   b) ☐ im Norden Kanadas

   c) ☐ in Mexiko

   d) ☐ im Südosten der USA

4) Welcher Fluss mündet bei St. Louis
in den Mississippi?

   a) ☐ der Arkansas

   b) ☐ der Missouri

   c) ☐ der Golf von Mexiko

   d) ☐ der Tennessee

5) Was für ein Schiff war 1812 erst-
mals auf dem Mississippi zu sehen?

   a) ☐ ein Indianerkanu

   b) ☐ eine Dschunke

   c) ☐ ein Floß

   d) ☐ der erste Raddampfer

6) Wie breit ist der Mississippi an
seinen breitesten Stellen?

   a) ☐ 1,3 Kilometer

   b) ☐ 400 Meter

   c) ☐ 3,1 Kilometer

   d) ☐ 130 Meter

7) Wer kämpfte noch 1840 westlich
des Mississippi ums Überleben?

   a) ☐ die Sklaven

   b) ☐ die weißen Südstaatler

   c) ☐ die Indianer

   d) ☐ die mexikanischen
Einwanderer

8) Bei welcher Stadt mündet der
Missisipi in den Ozean?

   a) ☐ bei New York

   b) ☐ bei New Orleans

   c) ☐ bei New Jersey

   d) ☐ bei New Haven

Mississippi-Quiz (2)

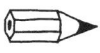 Was hast du dir über Toms Heimat gemerkt?
Kreuze jeweils die richtige Antwort an.

9) In welches Meer mündet der Mississippi?

a) ☐ in den Pazifischen Ozean

b) ☐ in den Stillen Ozean

c) ☐ in das Südmeer

d) ☐ in den Atlantischen Ozean

10) Wie heißt die Bucht, in der die Mündung des Mississippi liegt?

a) ☐ Golf von Mexiko

b) ☐ Golf von Biscaya

c) ☐ Polo von Mexiko

d) ☐ Persischer Golf

11) Was taten weiße Siedler in der ersten Hälfte des 19. Jahrhunderts im Mississippi-Gebiet?

a) ☐ Sie bauten eine Eisenbahn.

b) ☐ Sie errichteten Pfahlbauten.

c) ☐ Sie rodeten den Wald.

d) ☐ Sie bauten Staudämme.

12) Was bedeutet das indianische Wort „Missi Sepe"?

a) ☐ Großer Fluss

b) ☐ Vater der Wasser

c) ☐ Großer, alter Mann

d) ☐ Mächtiger Strom

13) Wie nannten die weißen Siedler den Mississippi?

a) ☐ Great Man

b) ☐ Elder Man

c) ☐ Little Big Man

d) ☐ Ol' Man

14) Bei welchem der folgenden Bundesstaaten handelt es sich nicht um einen Staat der USA?

a) ☐ Missouri

b) ☐ Arkansas

Hier darfst du einen Atlas benutzen.

c) ☐ Georgia

d) ☐ New Brunswick

15) Welchen dieser amerikanischen Bundesstaaten durchfließt der Mississippi nicht?

a) ☐ Massachusetts

b) ☐ Illinois

c) ☐ Missouri

d) ☐ Arkansas

Hier darfst du einen Atlas benutzen.

16) In welchem Bundesstaat der USA liegt New Orleans?

a) ☐ Georgia

b) ☐ New Hampshire

c) ☐ Louisiana

d) ☐ Missouri

Hier darfst du einen Atlas benutzen.

Inhalt

Der Waisenjunge Tom Sawyer ist in der kleinen Stadt St. Petersburg als Lausbub bekannt. Mit seiner Cousine Mary und seinem Halbbruder, dem Musterknaben Sid, wächst er bei seiner strengen, aber gutmütigen Tante Polly auf, der er oft auf der Nase herumtanzt.

Gleich zu Beginn wird der Leser Zeuge eines typischen Tom-Sawyer-Streichs: Tante Polly erwischt ihn beim Naschen von Marmelade, doch Tom entgeht einer Strafe, indem er seine Tante, wie so häufig, geschickt austrickst.

Tom schwänzt den Nachmittagsunterricht und geht stattdessen im Fluss schwimmen. Tante Polly ahnt dies und möchte ihren Neffen in Widersprüche verwickeln, aber er erweist sich wieder einmal als zu pfiffig. Als Tom beinahe schon einer Bestrafung entgangen ist, macht der missgünstige Sid Tante Polly auf Toms falsch angenähten Hemdkragen aufmerksam – und Tom ist des Schwänzens und Lügens überführt!

Zur Strafe muss er am nächsten Tag, einem Samstag, ganz allein den langen Gartenzaun streichen. Diese „Gartenzaun-Episode" (2. Kapitel) ist einer der bekanntesten Streiche Toms: Vor der langweiligen und anstrengenden Arbeit möchte er sich gern drücken, aber seine Versuche, sie auf Jim, den kleinen Sklaven, abzuschieben, scheitern an Tante Pollys Wachsamkeit.

Schließlich hat Tom eine grandiose Idee: Als die anderen Jungen, die ihren freien Tag genießen, vorbeikommen und ihn verspotten, tut er so, als sei es geradezu eine Ehre,

eine solch anspruchsvolle – und obendrein spaßige – Aufgabe zu erfüllen. Nun zahlen die Jungen sogar noch dafür, auch ein Stück des Zauns streichen zu dürfen.

Nach einigen Stunden ist zu Tante Pollys Verwunderung der komplette Zaun perfekt gestrichen, ohne dass Tom sich anstrengen musste. Stattdessen hat er einige Schätze „eingesackt" und darf endlich spielen gehen.

Als er abends heimkehrt, erblickt er im Garten des Rechtsanwalts Thatcher ein hübsches, fremdes Mädchen, in das er sich Hals über Kopf verliebt. Es handelt sich, wie man bald darauf erfährt, um Becky, die Tochter des angesehenen Richters Thatcher.

Der Sonntag danach beginnt für Tom mit einer einzigen Quälerei. Er muss sich waschen, seinen verhassten Sonntagsanzug und sogar Stiefel anziehen. Mühsam paukt er die Bibelsprüche, die er auswendig lernen muss, und geht dann mit Mary und Sid zur Sonntagsschule. Bevor der Unterricht beginnt, gelingt es Tom, von Mitschülern gegen die Habseligkeiten, die er sich am Tag vorher erschlichen hat, die begehrten Fleißzettel einzutauschen. So kommt es, dass ausgerechnet Tom, der größte Lausejunge der Schule, zum Erstaunen des Pfarrers Anspruch auf den Sonntagsschulpreis erhebt – und zwar gerade an dem Tag, als wichtige Ehrengäste anwesend sind: der bedeutende Richter Thatcher mit seiner Gemahlin und seiner Tochter Becky, Toms neuer Flamme. Prompt blamiert Tom durch seine bodenlose Unwissenheit nicht nur sich selbst, sondern auch den Pfarrer, der sich so gerne vor den Gästen profiliert hätte.

Der Montagmorgen verläuft nicht besser. Um die Schule zu schwänzen, versucht Tom erfolglos, eine tödliche Krankheit vorzutäuschen. Tante Polly fällt jedoch diesmal nicht auf ihn herein und Tom muss in die Schule. Auf dem Weg trifft er den wohnsitzlosen Sohn eines stadtbekannten Trunkenbolds, Huckleberry Finn, vor dem sämtliche Eltern, Lehrer und andere Respektspersonen warnen. Doch das strikte Umgangsverbot erhöht Toms Sympathie für den Außenseiter und sein ungebundenes Leben nur noch mehr. Tom unterhält sich mit Huck und kommt deshalb zu spät zum Unterricht.

Normalerweise hätte er nun versucht, durch irgendeine Ausrede der Strafe des Lehrers zu entgehen. Er verzichtet jedoch bewusst darauf und erhält die erwartete – und einkalkulierte – Strafe: Er wird verprügelt und „muss" sich zu den Mädchen setzen, und zwar auf den einzig freien Platz … neben Becky Thatcher. Sofort nutzt Tom die Gelegenheit, sich mit ihr anzufreunden, und hat Erfolg dabei. In der Pause gelingt es Tom, Becky zu einer Verlobung, einem Kuss und einem Treueversprechen zu überreden, aber das Glück ist nicht von Dauer: Tom verplappert sich, dass er dasselbe bereits von Amy Lawrence, einer Klassenkameradin, bekommen hat, worauf Becky ihn enttäuscht und heftig zurückweist.

Tom flieht erbost in den Wald oberhalb des Städtchens. Zufällig trifft er dort auf seinen besten Freund, Joe Harper. Gemeinsam verbringen die beiden den Rest des Tages draußen mit Abenteuerspielen, anstatt den besonders verhassten Nachmittagsunterricht zu besuchen.

Zu den Kopiervorlagen

 KV Seite 14 Was ist wo in St. Petersburg?
Die Karte zeigt alle für die Handlung wichtigen Orte im Städtchen St. Petersburg. Nach Art eines (visuellen) Lesetagebuchs tragen die Schüler während der Lektüre nach und nach die Kapitel ein, in denen diese Orte eine Rolle spielen. So ist gewährleistet, dass die konkrete, räumliche Vorstellung vom Schauplatz des Geschehens während der gesamten Unterrichtsreihe nie aus dem Blick gerät.

 KV Seite 15 In der Sonntagsschule
Hier wird ein Vergleich zwischen modernem Religionsunterricht und einer „Sonntagsschule", wie sie Mark Twain ironisch beschreibt, angeregt. Mit einer kurzen Erklärung funktioniert der Vergleich auch unter Bezugnahme auf LER, Ethikunterricht und ähnliche Fächer.

Die abgedruckte Textpassage stammt aus „Tom Sawyers Abenteuer" und ist den für die Schulausgabe erforderlichen Kürzungen zum Opfer gefallen.

Mit seiner ironischen Beschreibung des Pfarrers kritisiert Mark Twain die christliche Religion sowie die Steifheit und Eitelkeit ihrer Repräsentanten. Das Stilmittel der Ironie wird ausführlicher auf der KV von Seite 45 behandelt.

 KV Seite 16 Tom und Becky: verliebt, verlobt – verkracht
Auch diese Kopiervorlage ist – wie die KV auf Seite 14 – zur Begleitung der gesamten Romanlektüre gedacht. Ziel ist es, eine „Gefühlskurve" für die Beziehung zwischen Becky und Tom zu erstellen und so die Liebesgeschichte, die bis zum Ende des Romans immer wieder eine Rolle spielt, isoliert zu betrachten.

KV Seite 17 Edle Räuber und ihre Abenteuer
Die Beschäftigung mit Robin Hood und anderen „gerechten Räubern" ergibt sich folgerichtig aus den Spielen Toms und seiner Freunde. Die Begeisterung für dieses Motiv ist auch heute noch typisch für ein bestimmtes Alter. Darüber hinaus handelt es sich um einen literarischen Topos, dem etwa Elisabeth Frenzel in ihrem Standardwerk „Motive der Weltliteratur" (Stuttgart, Kröner, 3. überarb. u. erw. Auflage 1988) mehrere Seiten einräumt.

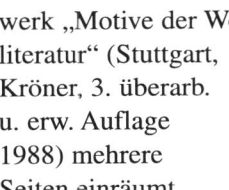

Lösung
KLAUS STÖRTEBEKER, SCHINDERHANNES

> **Klaus Störtebeker und der „Schinderhannes"**
> Klaus Störtebeker (geboren 1360, gestorben am 20.10.1401 in Hamburg) war einer der bekanntesten Seeräuber des ausgehenden 14. Jahrhunderts. Um diese schillernde Persönlichkeit ranken sich viele Mythen. Ob er ein „edler Räuber" war, der von den Reichen nahm, um den Armen zu helfen, oder ob er einfach mit seinen Gefährten plündernd und mordend durch die Meere segelte, ist nicht sicher überliefert. Die Legende erzählt aber, dass er nach seiner Verurteilung zum Tode eine sehr ungewöhnliche Bitte an den Bürgermeister der Stadt Hamburg richtete. Er bat darum, all jene seiner ebenfalls zum Tode verurteilten Kameraden zu verschonen, an denen er nach seiner Hinrichtung noch vorüberzugehen vermochte. Dass der geköpfte Störtebeker noch elf Mann abschreiten konnte, half diesen aber nicht, denn der Bürgermeister brach sein Versprechen und ließ alle 73 Gefährten ebenfalls hinrichten.
>
> Der „Schinderhannes", der eigentlich Johannes Bückler hieß, wurde vermutlich im Jahr 1777 geboren. Seinen Namen verdankte er dem Beruf seines Vaters, der als Abdecker (auch „Schinder" genannt, für die Beseitigung von Tierkadavern zuständig) arbeitete. Er war zwar schon zu Lebzeiten als „Robin Hood vom Hunsrück" bekannt, aber entgegen der Legenden, die sich um die Person des Räuberhauptmanns bildeten, war er alles andere als ein Wohltäter. Neben Diebstahl und Raub war seine Bande auch für Erpressung und Mord bekannt. Weil sich die Gruppe aber gegen die Obrigkeit auflehnte, fand sie im einfachen Volk viele Sympathisanten. Bückler starb durch das Fallbeil am 21.11.1803.

Gesprächs- oder Schreibanlässe

Tom und seine Familie
Du hast Tom und seine Familie kennengelernt. Was hältst du von den einzelnen Personen? Schreibe zu jeder Person eine kurze Charakterisierung (Tom, Halbbruder Sid, Cousine Mary, Tante Polly).

Sklaven in alten Zeiten – Sklaven heute
• Der kleine Junge Jim, den Tom vergeblich überreden will, an seiner Stelle den Zaun zu streichen, lebt als

Sklave in Tante Pollys Haushalt. Erkläre, was ein Sklave ist und was man unter Sklavenhandel versteht. Bemühe dich um eine möglichst genaue Definition.

- Welche Bücher und Filme kennst du, in denen Sklaven eine Rolle spielen? Was weißt du daraus über die Sklaverei in vergangenen Zeiten? Erzähle.
  (→ *Buch- und Filmtipps: siehe unten*)
- Auch heute noch müssen Menschen wie Sklaven leben. Weißt du, wo und warum?
  (→ *ggf. in Zusammenarbeit mit den Sozialkunde-, Ethik- und Religionslehrern*)
- 1776 wurde in Nordamerika öffentlich verkündet: „Alle Menschen sind von Natur aus frei und unabhängig." Dieser Satz steht in der „Virginia Bill of Rights", auf die man in den USA noch heute sehr stolz ist. Trotzdem hat es noch fast hundert Jahre lang Sklaven in den USA gegeben. Wie erklärst du dir das?
- Auch der Amerikanische Bürgerkrieg von 1861 bis 1865, also kurz nach der Zeit, in der „Tom Sawyer" spielt, hat unter anderem mit dem Thema Sklaverei zu tun. Weißt du, wer da gegen wen gekämpft hat – und warum?

Das Thema „Sklaverei"
Die Sklaverei wird in „Tom Sawyer" als selbstverständlich hingenommen und kaum hinterfragt. Mark Twain ist in seiner vorurteilsbeladenen Haltung gegenüber Schwarzen und Indianern Kind seiner Zeit und es ist kein Zufall, dass Indianer-Joe, die negativste Figur des Romans, Mestize (ein „Halbblut") ist. Manches von dieser rassistischen Grundeinstellung Twains ist bei der Kürzung und Bearbeitung des Romans für die Schule verlorengegangen – nicht aus Gründen einer politischen Zensur, sondern weil es vor allem in Nebensträngen der Handlung auftaucht. Das Thema „Sklaverei" sollte aber bei der Besprechung der Lektüre keinesfalls übergangen werden.

Ziel ist es, herauszuarbeiten, dass es einem Weißen im 19. Jahrhundert ganz selbstverständlich erscheint, dass er allen anderen Menschen überlegen sei. Da die Eingeborenenvölker Afrikas, Amerikas, Australiens, Ozeaniens und Asiens und ihre Kulturen nicht als „gleichwertig" anerkannt wurden, hatte man keine Bedenken, sie als Sklaven zu unterwerfen oder – wie die Indianer – fast gänzlich auszurotten. Von hier aus kann der Bogen zum Thema „Rassismus heute" geschlagen werden.

Mit dem Thema „Sklaverei" setzen sich – neben dem 1852 erschienenen amerikanischen Klassiker „Onkel Toms Hütte" von Harriet Beecher-Stowe – auch einige moderne Jugendromane auseinander, z. B. Thomas Jeier: „Hinter den Sternen die Freiheit", Wien (Ueberreuter) 2002; Virginia Schwartz: „Der Weg nach Norden", Ravensburg (Ravensburger) 2003; Dolf Verroen: „Wie schön weiß ich bin", Wuppertal (Peter Hammer) 2005.

Einer der bekanntesten Erwachsenen-Romane über Sklaverei ist Alex Haileys Familiensaga „Roots" (deutsch: „Wurzeln"). Darin wird das Schicksal einer aus Afrika in die USA verschleppten Familie beschrieben. Die mehrteilige Verfilmung wurde in zahlreichen Ländern ausgestrahlt.

Eine Trommel im Maul?
Tom verkauft die Erlaubnis, den Zaun zu streichen unter anderem für eine Maultrommel.

Weißt du, was eine Maultrommel ist und wie sie funktioniert? Du kannst deinen Musiklehrer oder deine Musiklehrerin fragen, in einem Lexikon nachschlagen oder dich im Internet auf der Seite *www.danmoi.de* unter dem Stichwort „Maultrommeln" informieren. Teile deine Ergebnisse der Klasse mit.

Toms Schätze
- Erinnerst du dich noch, was Tom außer der kaputten Maultrommel beim Zaunstreichen eintauscht? Könntest du mit diesen Dingen etwas anfangen? Kannst du dir vorstellen, warum diese Dinge für Tom wertvoll sind? Diskutiert darüber.

- Schreibe auf, welche Dinge du an Toms Stelle lieber eingetauscht hättest. Achte dabei darauf, dass es diese Dinge zu Toms Zeit auch wirklich gab – MP3-Player, Computerspiele und Ähnliches fallen dabei natürlich heraus.

Tipps für Schulschwänzer

Tom hat zwar innerhalb weniger Tage zweimal den Nachmittagsunterricht geschwänzt. Sein Versuch, sich krank zu stellen, ist jedoch gescheitert. Wärt ihr die Sache klüger angegangen? Wie?

(→ *Möglicherweise ist dieser „Gesprächsanlass" allerdings eher ein Thema für den Pausenhof als eines, das vor den Ohren des Lehrers verhandelt werden sollte!*)

Huck, der Außenseiter

Warum wird Huckleberry Finn von Eltern und Lehrern so gefürchtet und verabscheut, dass sie ihn zum Außenseiter abstempeln? Warum übt er andererseits eine solche Faszination auf die Gleichaltrigen aus? Diskutiert diese Fragen und überlegt dann, ob ihr ähnliche Personenkonstellationen in unserer heutigen Gesellschaft kennt.

(→ *z. B. skandalumwobene Popstars oder ungehobelte Sportler; hierbei ist es wichtig, die Äußerungen unverbindlich und allgemeingültig zu halten. Es sollten keine konkreten Namen genannt werden, um einzelne Schülerinnen und Schüler nicht zu verletzen.*)

Liebesbriefe an Tom und Becky

Tom schreibt Becky (bzw. Becky schreibt Tom) einen Brief, in dem er ihr bzw. sie ihm seine/ihre Liebe gesteht. Schreibe diesen Brief – und die Antwort darauf.

Robin Wood statt Hood

Es gibt eine Umweltschutzorganisation, die sich „Robin Wood" nennt. Erkläre, warum die Organisation diesen Namen gewählt haben könnte. (→ *siehe hierzu auch* www.robinwood.de)

Kreativ aktiv

„Seltsame Kleidung"?

Tom muss zum Schwimmen den Kragen seines Hemdes abtrennen. Seltsam, nicht wahr? Aber die Kleidung vor über 150 Jahren sah natürlich anders aus als heute. Zu dieser Zeit bestand z. B. ein Hemd aus lauter Einzelteilen, nämlich Kragen, Manschetten und Hemdbrust.

- Wenn du noch mehr über „seltsame Kleidung" früherer Zeiten erfahren willst, schau einmal auf der Homepage des „Deutschen Historischen Museums" unter der Internetadresse: *www.dhm.de* nach und teile deine Ergebnisse der Klasse mit.
- Befragt eure Großeltern, wie sich seit ihrer Jugend die Kleidung verändert hat. Welche unbequemen Sachen mussten sie tragen, die es heute nicht mehr gibt? Welche heute ganz normale Mode war damals noch völlig undenkbar?

(→ *z. B. bauchfreie Tops, Piercings und Tattoos, halterlose Strümpfe, Goretex- oder Sympatex-Funktionskleidung uvm.*)

Bloß keine Blamage!

Mr Walter ahnt, dass sich Tom vor dem hohen Besuch blamieren wird. Darum versucht er, entweder zu verhindern, dass Tom überhaupt als Preisträger auftritt, oder zumindest dafür zu sorgen, dass Richter Thatcher ihm keine peinlichen Fragen stellt.

Entwickelt dazu ein Rollenspiel und führt es der Klasse vor.

Zusatzinformation zum 4. Kapitel, Seite 26/27
Die 12 Apostel sind (in alphabetischer Reihenfolge):
1) Andreas, 2) Bartholomäus, 3) Jakobus der Ältere, 4) Jakobus der Jüngere, 5) Johannes, 6) Matthäus, 7) Matthias (anstelle von Judas Ischariot), 8) Petrus, 9) Philippus, 10) Simon, 11) Thaddäus, 12) Thomas (später auch Paulus als 13.); die ersten beiden Auserwählten waren Petrus und Jakobus d. Ä.

Toms Bild

Toms Zeichnung für Becky wird im 5. Kapitel recht genau beschrieben. Doch wie mag sie wohl wirklich ausgesehen haben? Versucht Toms Bild nachzuzeichnen.

Was ist wo in St. Petersburg?

 Trage ein, in welchem Kapitel die angegebenen Orte eine Rolle spielen. Verwende zwei Farben: eine für Kapitel, in denen Tom die Hauptrolle spielt, eine für Huck und beide Farben für die zwei Jungen.

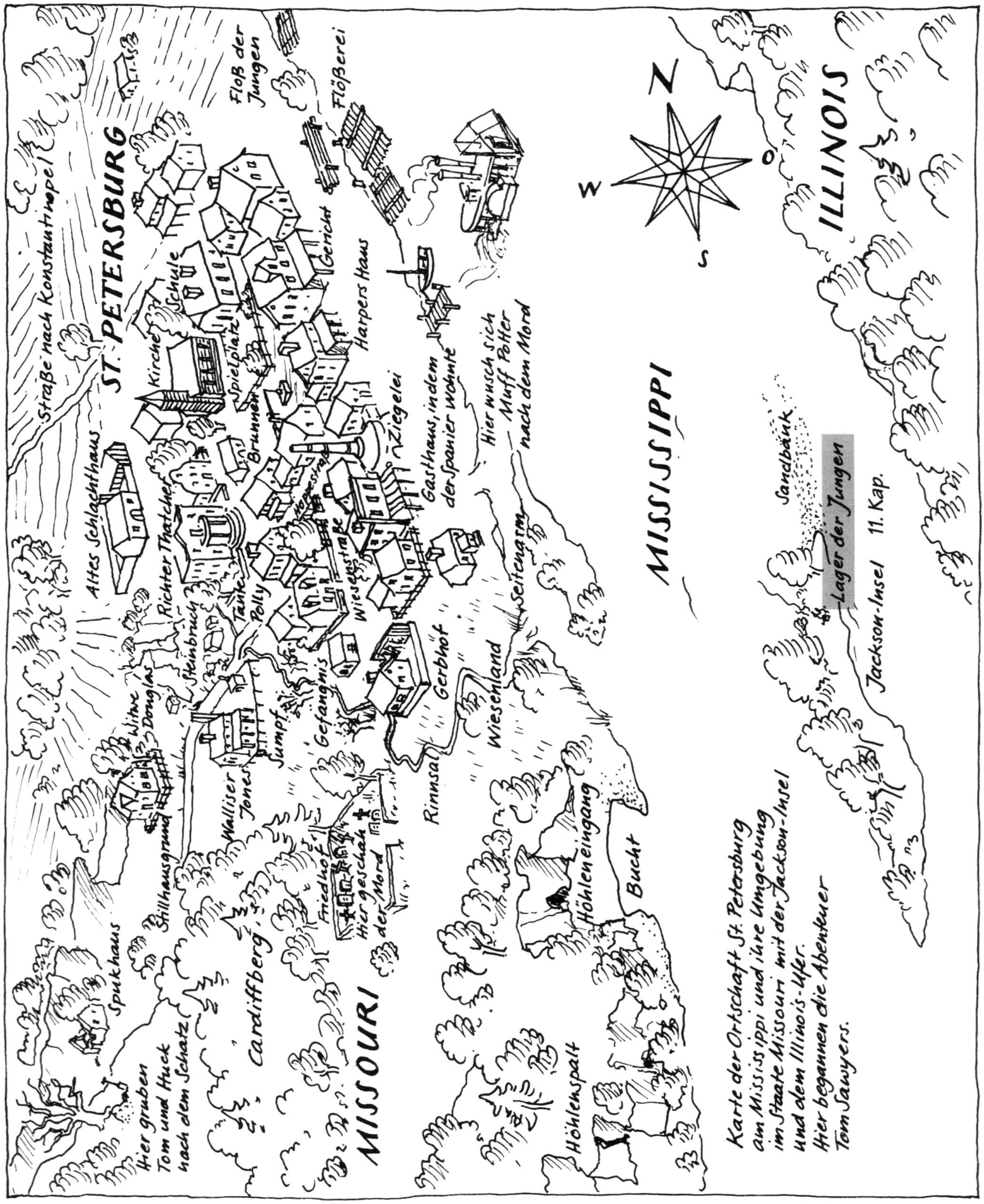

Karte der Ortschaft St. Petersburg am Mississippi und ihre Umgebung im Staate Missouri mit der Jackson-Insel und dem Illinois-Ufer. Hier begannen die Abenteuer Tom Sawyers.

In der Sonntagsschule

 Vergleiche die Abläufe in der Sonntagsschule (4. Kapitel, Seite 21 ff.) mit dem Religions- oder Ethikunterricht an deiner Schule oder mit dem Konfirmanden- oder Firmunterricht in deiner Gemeinde. Notiere Unterschiede und Gemeinsamkeiten in einer zweispaltigen Tabelle.

 Ursprünglich hat Mark Twain den Pfarrer folgendermaßen beschrieben:

„Der Pfarrer, Mr Walter, war ein etwa 35-jähriger, schlanker Herr mit einem rötlichgelben Spitzbärtchen und kurz geschorenem Haar. Er trug ein Hemd mit einem steifen Stehkragen, der ihm fast bis an die Ohren ging und dessen Ecken immer an seine Mundwinkel stießen. Dieser Kragen war wie ein Gitter, das ihn dazu zwang, immer geradeaus zu sehen. Wollte er etwas an der Seite sehen, musste der Herr Pfarrer den ganzen Körper drehen. Unter seinem Kinn baumelte eine Krawatte mit ausgefranstem Rand, die so lang und breit wie eine Banknote war. Die Spitzen seiner Stiefel bogen sich, entsprechend der damaligen Mode, nach oben wie Schlittenkufen. Diese Form wurde von den jungen Herren mit viel Geduld und Liebesmüh dadurch erreicht, dass sie stundenlang dasaßen und die Zehen gegen eine Wand pressten."

Vielleicht stellt Mark Twain das Äußere des Pfarrers deshalb so übertrieben dar, weil er damit etwas über dessen Charakter sagen will. Welche Eigenschaften könnten gemeint sein?

Jetzt ist deine Fantasie gefragt! Wie stellst du dir den Pfarrer vor? Zeichne ihn.

Tom und Becky: verliebt, verlobt – verkracht

So schnell kann's gehen: Tom hat Becky das erste Mal gesehen und sich sofort in sie verliebt. Die beiden haben sich verlobt – und gleich wieder verkracht.

 Zeichne für jedes Kapitel ein, wie sich die Beziehung zwischen Tom und Becky entwickelt. Vergleicht zwischendurch eure Schaubilder und diskutiert, falls ihr unterschiedliche Bewertungen eingetragen habt.

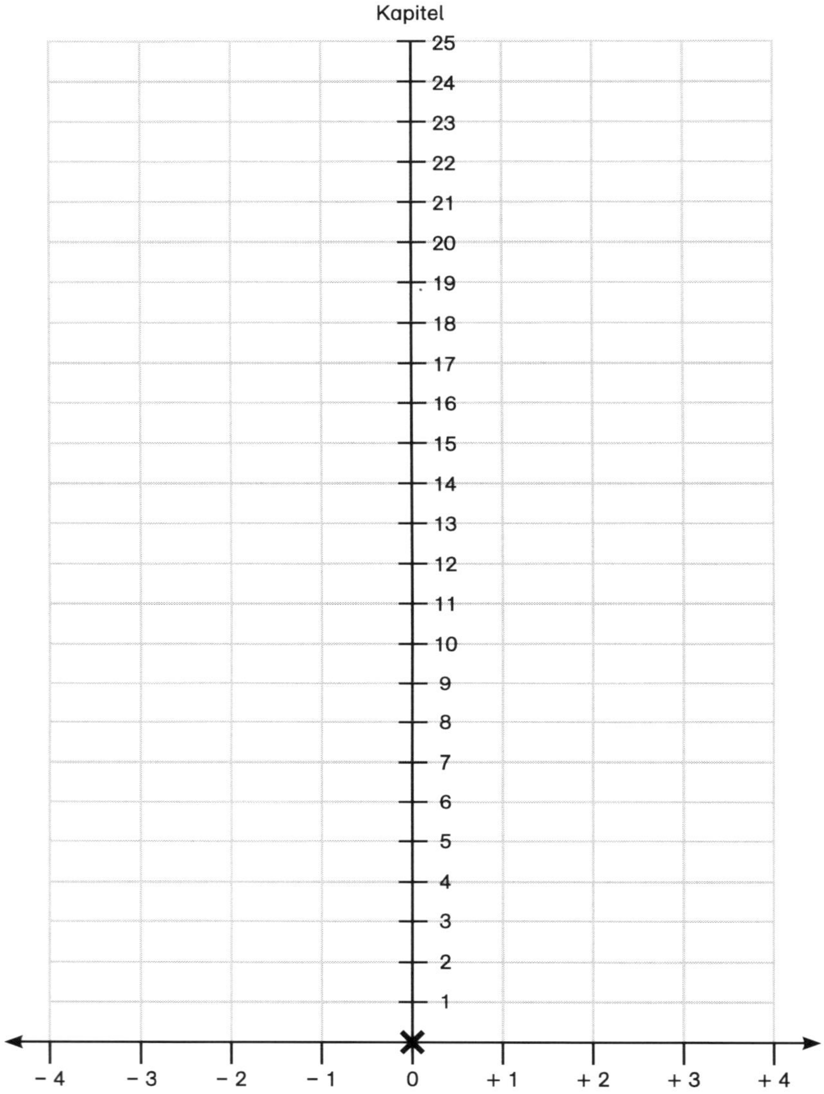

Kapitel

25
24
23
22
21
20
19
18
17
16
15
14
13
12
11
10
9
8
7
6
5
4
3
2
1

– 4   – 3   – 2   – 1   0   + 1   + 2   + 3   + 4

> Du, Becky, darf ich dir einen Verlobungskuss geben?

+3

> Du bist ein Scheusal, Thomas Sawyer!

– 4

+ 4 = Sie sind verliebt.
+ 3 = Sie mögen sich sehr.
+ 2 = Sie mögen sich ein bisschen.
+ 1 = Sie zeigen etwas Interesse füreinander.
  0 = Die Liebesbeziehung spielt in diesem Kapitel keine Rolle.
– 1 = Sie interessieren sich nicht füreinander.
– 2 = Sie ärgern sich ein wenig übereinander.
– 3 = Sie ärgern sich ziemlich übereinander.
– 4 = Sie sind richtig wütend aufeinander.

Edle Räuber und ihre Abenteuer

Tom und sein Freund Joe spielen Robin Hood. Die Geschichte von Robin Hood ist eine alte Sage über einen englischen Volkshelden.

Robin Hood und seine Gefährten lebten im 13. Jahrhundert, also zur Zeit von König Richard Löwenherz, im Sherwood Forest. Robin Hood war ursprünglich ein Bauer, der vom Sheriff von Nottingham – seinem ärgsten Feind – um sein Land gebracht wurde. Er und seine Freunde waren Geächtete, das heißt: Sie standen nicht mehr unter dem Schutz des Gesetzes und jedem, der einen von ihnen tötete oder an den Galgen brachte, war eine Belohnung versprochen.

Sie überfielen reiche Reisende, die den Wald durchquerten. Ihre Beute und das erpresste Lösegeld teilten sie mit den Armen. Robin Hood wird darum bis heute als „edler Räuber" verehrt.

Mehrere Versuche, Robin Hood zu töten, schlugen fehl. Er starb schließlich infolge eines Verrats.

Wie findest du Robin Hoods Verhalten? Trägt er deiner Meinung nach die Bezeichnung „edler Räuber" zu Recht?

_____

_____

Robin Hood will mit seinem Handeln zu mehr Gerechtigkeit beitragen. Wählt er dafür deiner Meinung nach den richtigen Weg?

Auch in Deutschland gibt es Sagen über „edle Räuber". Welche beiden Räuber werden hier gesucht?

Der Pirat K ⬚ ⬚ S ⬚ Ö ⬚ ⬚ B K ⬚ ⬚ machte um das Jahr 1400 herum mit seinen Gefährten die Ostsee unsicher.

Als Anführer einer Räuberbande zog der S ⬚ ⬚ ⬚ D ⬚ H N ⬚ ⬚ S von 1800 bis 1803 durch Hunsrück und Taunus.

Von Mördern, Grabräubern und Geistern (8. bis 14. Kapitel)

Inhalt

Nachts ziehen Huckleberry und Tom heimlich los, um mittels einer toten Katze und geheimnisvoller Beschwörungen auf dem Friedhof eine Warze fortzuzaubern. Hinter Bäumen versteckt werden sie nun Zeugen schrecklicher Ereignisse: Drei Männer erscheinen – ein junger, angesehener Arzt und zwei eher zwielichtige Gestalten namens Indianer-Joe und Muff Potter. Offensichtlich hat der Arzt die beiden anderen beauftragt, ein frisches Grab wieder zu öffnen und die Leiche herauszuholen. Doch während der Arbeit geraten die drei Männer in Streit. Der Arzt schlägt Muff Potter mit einem Brett nieder und Indianer-Joe nutzt die Gelegenheit, um eine alte Rechnung

zu begleichen: Er ersticht den jungen Arzt und sorgt dafür, dass alle Indizien auf den bewusstlosen Muff Potter als Täter hinweisen. Dies gelingt ihm so gut, dass sogar Muff selbst glaubt, er habe den Arzt unter Alkoholeinfluss getötet.

Huckleberry und Tom gelingt es, sich unbemerkt vom Schauplatz zu entfernen. Voller Panik laufen sie davon und schwören einander feierlich, niemals jemandem von der Untat, die sie mit angesehen haben, zu erzählen. So groß ist ihre Angst, dass Indianer-Joe ihnen etwas antun könnte, dass sie selbst dann nichts sagen, als Muff Potter, von dem sie ja wissen, dass er unschuldig ist, verhaftet wird.

Tom, Joe und Huckleberry reißen aus: Tom fühlt sich ungerecht behandelt, weil Becky ihn nach wie vor zurückweist, Joe, weil er von seiner Mutter für etwas bestraft wurde, das er gar nicht getan hat. Eine Mischung aus Trotz – „Wenn sie uns nicht wollen, gehen wir eben. Wir werden es ihnen schon zeigen." – und Abenteuerlust treibt die beiden dazu an, „Piraten zu werden". Huck schließt sich ihnen gerne an. Gemeinsam entwenden sie in der Nacht ein Floß und fahren damit zu einer im Fluss liegenden Insel, auf der sie zwar eine schöne und ungebundene, aber auch eine immer wieder von Heimweh und Gewissensbissen geprägte Zeit verleben. Die drei

Ausreißer halten sich mehrere Tage auf der Insel versteckt und triumphieren, als sie sehen, wie der Fluss nach ihnen abgesucht wird. Während eines heimlichen nächtlichen Besuchs in St. Petersburg erfährt Tom, dass man inzwischen glaubt, sie seien ertrunken. Auch wenn man ihre Leichen nicht finden sollte, soll darum am folgenden Sonntag eine Gedenkfeier für die Vermissten abgehalten werden. Der Lauscher entwickelt sofort einen grandiosen Plan: Am Sonntag kehren die Ausreißer unbemerkt zurück und wohnen heimlich ihrer eigenen Trauerfeier bei.

Zu den Kopiervorlagen

KV Seite 21 **Mit Katzen gegen Warzen?**
Hier geht es um den Begriff des Aberglaubens. Die Schülerinnen und Schüler sollen sich mit einer Definition vertraut machen. Im Unterricht kann darauf aufbauend erarbeitet werden, dass die Grenzen zwischen religiösem Glauben, Volksglauben und Volkswissen (z. B. Wetterregeln, Bauernregeln, Volksmedizin) einerseits und Aberglauben andererseits oft fließend sind. Es kann auch thematisiert werden, dass der Begriff „Aberglauben" bisweilen als Kampfbegriff gebraucht wird: Strenge Verfechter des christlichen Glaubens bezeichnen gerne Abweichungen von ihrem Glauben bzw. fremde Religionen als „Aberglauben". Andererseits gibt es ebenso strenge Anhänger eines rationalistisch-naturwissenschaftlichen Weltbildes, die jede Art von religiösem Glauben als „Aberglauben" bezeichnen.

Nach dieser Begriffsklärung soll nach Beispielen für Aberglauben im „Tom Sawyer" gesucht werden (auch in den folgenden Kapiteln). Dabei geht es vor allem um die Frage, inwiefern Aberglaube für die Weiterentwicklung der Romanhandlung von Bedeutung ist.

Glücksbringer und Dinge, die Unglück heraufbeschwören sollen, sind bestimmt allen Schülern bekannt. Die letzte Aufgabe kann daher auch Anstoß sein, über Aberglauben im Alltag zu diskutieren.
(→ z. B. Nimmst du einen Glücksbringer mit, wenn du eine Prüfung schreiben musst? Ist Freitag, der 13. für dich ein besonderer Tag?)

KV Seite 22 **Zeugenaussagen und Indizien**
Warum sind die Menschen so schnell bereit zu glauben, dass Muff Potter der Mörder ist? Da ist einerseits die Aussage Indianer-Joes. Hinzu kommen einige andere Zeugenaussagen und Indizien (z. B. gehört das Messer, das neben der Leiche gefunden wird, Muff Potter; Muff Potter wird dabei beobachtet, wie er sich im Fluss das Blut abwäscht). Es stellt sich aber auch die

Frage, ob die Bürger von St. Petersburg nicht allzu gerne glauben, dass Muff Potter der Schuldige ist: Er ist ein Außenseiter, den niemand gerne um sich hat, und bekannt für seinen übermäßigen Alkoholkonsum …

Aufgabe der Schülerinnen und Schüler ist es, möglichst viele Gründe für die (Vor-)Verurteilung von Muff Potter zu sammeln. Die von den Schülern verfasste Zeitungsmeldung kann zu einer Diskussion über die Rolle der Medien bei der Meinungsbildung anregen.

 KV Seite 23

Reif für die Insel

Die Vorstellung von einem Leben auf einer einsamen Insel weckt viele Vorstellungen und Assoziationen. Neben der „klassischen Inselfrage" („Welche drei Dinge würdest du auf eine einsame Insel mitnehmen?") werden auf dieser KV auch die „Schattenseiten" eines Lebens in Einsamkeit fern von der gewohnten Umgebung beleuchtet.

KV Seite 24

Was sich liebt …

Tom und Becky verhalten sich, wie man es von Kindern und Jugendlichen erwarten kann: Sie wollen möglichst „cool" wirken und können ihre Gefühle füreinander nicht klar artikulieren. Ihre Verhaltensweisen sollen hier kritisch hinterfragt und analysiert werden.

Gesprächs- oder Schreibanlässe

Was wollen die Grabräuber?

Weshalb öffnen die drei Männer eigentlich das Grab? Was für einen Zweck könnten sie mit der Leiche verfolgen? Stellt Vermutungen an und diskutiert sie.

(→ *Eine mögliche Erklärung könnte z. B. sein, dass der Arzt die Leiche zu Forschungszwecken haben möchte, sich diese aber in dem spießig-puritanischen Umfeld jener Zeit nur heimlich und mithilfe von zwielichtigen Gestalten verschaffen kann.*)

Toms Tagebuch

Tom hat zwar, genau wie Huck, geschworen, niemandem davon zu erzählen, dass er einen Mord beobachtet hat, muss aber sein Erlebnis dennoch verarbeiten. Deshalb verfasst er eine Tagebuchnotiz, in der er über sein Erlebnis berichtet. Verfasse diesen Eintrag.

Indianer-Joes Rache

Wie war das noch mal? Wofür wollte sich Indianer-Joe eigentlich rächen?

Schreibe die Gründe auf, die Indianer-Joe zum Mord an dem jungen Arzt treiben. Beschränke dich dabei nicht

auf das, was Indianer-Joe selbst sagt. Vielleicht sind die Gründe vielfältiger, als es auf den ersten Blick scheint! Diskutiert eure Ergebnisse in der Klasse.

Wie sah Mark Twain die Indianer?
Für Mark Twain war klar: Indianer sind grausamer und rachsüchtiger als Weiße. Diese zur Zeit Twains weitverbreitete rassistische Ansicht erklärt auch, warum es sich bei der eindeutig negativ gezeichneten Figur des Indianer-Joe nicht um einen beliebigen gesellschaftlichen Außenseiter (wie etwa den Trunkenbold Muff Potter oder den elternlosen Herumtreiber Huckleberry Finn) handelt, sondern ausdrücklich um einen „Mestizen", also einen „Mischling" zwischen einem/einer Indianer/in und einem/einer Weißen. Vertieft wird das Thema „Mark Twain und die Indianer" auf den KVs der Seiten 36 und 37.

Survival-Tipps

Die drei Jungen ernähren sich auf der Insel nicht nur von den Lebensmitteln, die sie vorher gestohlen haben. Sie kennen auch verschiedene andere Möglichkeiten, sich selbst zu versorgen: Sie angeln und fangen ausreichend Fische, sie suchen erfolgreich nach Schildkröteneiern.

Außerdem gelingt es ihnen, ein Feuer zu entfachen und aus einem alten Segel ein Zelt zu errichten.

Weißt du auch, wie du in der freien Natur überleben könntest? Recherchiere in der Bibliothek nach Überlebenstipps oder versuche, die nötigen Informationen aus einer anderen Quelle zu bekommen. Du kannst zum Beispiel bei den örtlichen Pfadfindern nachfragen.

Tante Polly in Trauer

- Stell dir vor, dass Tom bei seinem nächtlichen Besuch in St. Petersburg seiner Tante einen Brief hinterlässt.

Was würde er ihr wohl schreiben? Verfasse Toms Brief. *(Hinweis: Im ursprünglichen Text kritzelt Tom tatsächlich einige Worte für seine Tante auf ein Rindenstück, lässt dieses dann aber doch nicht zurück. In der vorliegenden Schulausgabe wurde diese Episode gestrichen.)*

- Ein seltsamer Gedanke, dass Tom und seine Freunde an der eigenen Trauerfeier teilnehmen und hören, was alles über sie geredet wird. Was sagt Tante Polly wohl über Tom, bevor er vermisst wird? Und was sagt sie, nachdem er spurlos verschwunden ist?
- Tante Polly gibt in der Lokalzeitung eine Traueranzeige für Tom auf. Was würde wohl darin stehen? Formuliere die Anzeige.

Kreativ aktiv

Methode „Schauplatzbereitung"
Ähnlich wie auf Seite 6 dieses Materials ausführlich dargestellt, kann auch die Szene auf dem Friedhof mit der Methode der „Schauplatzbereitung" vergegenwärtigt werden.

Ein Standbild bauen
Der Streit der drei Männer kommt recht unerwartet. Bildet Gruppen mit je sechs Schülern und versucht, die Szene zu Beginn des Streits in einem Standbild darzustellen. Ihr braucht dazu: Muff Potter, den Arzt, Indianer-Joe, die beiden Beobachter Huck und Tom und einen „Bildhauer" bzw. „Regisseur", der euch in die richtige Position dirigiert. Stellt euer Standbild auch der Klasse vor. Die anderen Schüler können ihre Eindrücke beim Betrachten des Standbilds schildern und Fragen formulieren. Sie können aber die dargestellte Szene auch interpretieren, indem sie sich hinter die Figuren des Standbilds stellen und deren Gedanken stellvertretend aussprechen.

Eine weitere Möglichkeit ist es, die Handlung zu variieren: Was wäre passiert, wenn einer der Beteiligten sich im entscheidenden Moment anders verhalten hätte?

Traueranzeige
Du kannst die Traueranzeige (s. o. unter „Tante Polly in Trauer") auch grafisch gestalten.

Ein Floß basteln
Bastle selbst ein kleines Floß, zum Beispiel aus Zweigen oder Streichhölzern.

Vom Flößer zur Holzindustrie
Flöße wie das, mit dem Tom, Huck und Joe zu ihrer Insel gelangen, gab es im 19. Jahrhundert auch in Deutschland. Doch wie sah so ein Floß aus und wozu wurde es benutzt?

- Informiere dich in einem Lexikon oder im Internet, z. B. auf der Seite *www.floesserei-museum.de*, über Flöße und Flößerei und notiere deine Ergebnisse.
- Wie hat sich die Holzindustrie seit damals verändert? Schlage nach, recherchiere im Internet (z. B. auf Seiten von Umweltschutzorganisationen wie *Greenpeace, Robin Wood* oder *WWF*) oder frage deinen Erdkundelehrer oder deine Erdkundelehrerin. Notiere deine Ergebnisse.

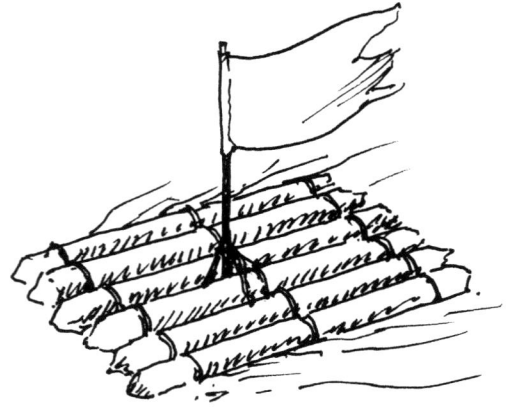

Mit Katzen gegen Warzen?

Ob es darum geht, Warzen zu heilen, oder zu wissen, wann die Teufel einen Toten holen werden – die Welt der St. Petersburger ist von tiefem Aberglauben erfüllt.

 Lies die Erklärung zum „Aberglauben" genau durch.

Aberglaube, wie er hier gemeint ist, steht für den Glauben an Geister, Teufel und Zauberei. Dabei wird nicht die Frage gestellt, ob bestimmte Dinge (wie Huckleberrys tote Katze oder ein bestimmter Zauberspruch) in Wirklichkeit die Wirkung haben können, die ihnen zugeschrieben wird (z. B. Warzen heilen).

Diese Art von Aberglauben ist kein Teil einer Wissenschaft oder einer bestimmten Religion.

 Lege auf einem extra Blatt eine Tabelle an: Notiere, wo das Denken und Handeln der Figuren im Roman vom Aberglauben bestimmt wird. In welchen Fällen sind die Auswirkungen des Aberglaubens eher nebensächlich, in welchen sind sie entscheidend?

nebensächlich: ⇩ oder ⇩⇩
entscheidend: ⇧ oder ⇧⇧

So könnte deine Tabelle anfangen:

Beispiel	abergläubische Person	Kapitel, Seite	Folge für die weitere Handlung	Bewertung
Huckleberrys tote Katze soll gegen Warzen helfen.	Huck	5. Kap., Seite 32	Huck und Tom gehen nachts auf den Friedhof und beobachten den Mord.	⇧⇧

 Was gilt als Glücksbringer, was soll Unglück heraufbeschwören? Trage ein. Ergänze die Tabelle mit eigenen Beispielen.

bringt Glück	bringt Unglück

schwarze Katze

Kleeblatt

Hufeisen

Freitag, der 13.

Schornsteinfeger

Zeugenaussagen und Indizien

Muff Potter ist unschuldig. Aber solange weder Tom noch Huck den Mut haben, von ihren nächtlichen Beobachtungen zu berichten, zieht sich die Schlinge um seinen Hals immer enger zu.

✏️ Sammle alle Indizien (= Hinweise, die etwas zu beweisen scheinen), die auf Muff Potter als Täter hindeuten.

Zeugenaussagen (wahre und falsche):

_____

_____

_____

Weitere Indizien:

_____

_____

_____

Allgemeiner Ruf Muff Potters:

_____

_____

_____

_____

👦 Kannst du dir vorstellen, was man unter einem sogenannten „Indizienprozess" versteht? Überlegt gemeinsam und überprüft eure Vermutungen.

✏️ Die Lokalzeitung berichtet über den Mord an dem jungen Arzt. Verfasse eine kurze Meldung.

_____

_____

_____

_____

Reif für die Insel

Tom, Joe und Huck reißen aus und verstecken sich auf einer Mississippi-Insel.

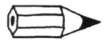 Was nehmen die drei Jungen mit auf ihre Insel?

_____

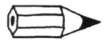 Was würdest du mitnehmen? Entscheide dich für drei Dinge. Begründe.

_____

_____

 Lies den Text und markiere die wichtigsten Wörter.

Von der Antike bis heute war das Leben auf einer einsamen Insel immer wieder ein Motiv in der Literatur. Und fast immer wurden dabei zwei unterschiedliche Seiten des Insellebens betont:

1. Die Insel ist ein willkommener Ort, um vor der ungemütlichen Welt zu fliehen und sich ganz seinen eigenen Ideen, Vorlieben und Interessen zu widmen.
So macht das Leben auf der Insel Spaß!
☺ ☺ ☺

2. Die Insel bedeutet Einsamkeit. Man ist abgeschnitten von der Heimat und den Menschen, die man liebt, und sehnt sich danach, die Insel verlassen zu können.
So macht das Leben auf der Insel keinen Spaß!
☹ ☹ ☹

 Lege auf einem extra Blatt eine Tabelle mit vier Spalten an. Trage ein, wie die drei Ausreißer ihr Inseldasein empfinden. Notiere dazu die passenden Textstellen (mit Kapitel- und Seitenzahl) und schreibe auf, um wen der drei es gerade geht.

Beispiel:

Tom, Huck oder Joe?	Das Leben auf der Insel macht Spaß! ☺☺☺ (Textstelle)	Das Leben auf der Insel macht keinen Spaß! ☹☹☹ (Textstelle)	Kapitel, Seite
alle drei	[...] fanden, dass es ihnen noch nie im Leben so gut geschmeckt hatte.		12. Kapitel, Seite 68

Was sich liebt ...

... das neckt sich, sagt ein Sprichwort.

Tom und Becky benehmen sich komisch: Sie sagen nicht, was sie denken und wollen, und scheinen sich überhaupt nicht zu verstehen.

 Trage ein, wie sich die beiden verhalten.

ignoriert →

← will gleichgültig wirken

erzählt laut von dem Picknick →

←

fordert ihn auf, sie endlich in Ruhe zu lassen →

←

ignoriert →

←

unterhält sich mit Amy Lawrence →

←

 Was bezwecken Tom und Becky jeweils mit ihrem Verhalten?

 Was könnte doch noch zur Versöhnung der beiden führen?
Schreibe deine Vermutungen auf einem extra Blatt auf.

Liebe, Rache und ein gefährlicher Gegner (15. bis 21. Kapitel)

Inhalt

Tom ist mit seinen beiden Freunden von der Insel zurückgekehrt. Die Jungen sehen sich als großartige Helden und werden von ihren Altersgenossen auch gebührend bewundert. Umso enttäuschter ist Tom, dass Becky auch jetzt nichts von ihm wissen will. Trotz seines Ärgers über Becky kann Tom nicht ruhig zusehen, wie diese verprügelt zu werden droht, weil sie das Lieblingsbuch des Lehrers versehentlich beschädigt hat. Heldenmütig tut er so, als habe er selbst das Buch zerrissen, und nimmt anstelle von Becky die Strafe auf sich. Becky ist zutiefst gerührt. Endlich versöhnen sich die beiden.

Dann ist es so weit. Muff Potter muss als Angeklagter vor Gericht erscheinen. Die ganze Stadt strömt in den Gerichtssaal, um dem Prozess beizuwohnen. Noch am Abend des zweiten Prozesstages sind sich alle Zuschauer sicher, dass Muff Potter verurteilt werden wird. Obwohl sie wissen, dass der Angeklagte unschuldig ist, können sich Tom und Huck nicht dazu durchringen, zu seinen Gunsten auszusagen, sondern erneuern sogar ihren Schwur, über ihre Erlebnisse auf dem Friedhof zu schweigen. Zu groß ist ihre Angst vor Indianer-Joe. Dass dieser trotz seines Meineides noch immer nicht von Gottes Strafe ereilt wurde, sehen sie in ihrem Aberglauben als Beweis dafür an, dass er einen Pakt mit dem Teufel geschlossen hat. Doch Toms schlechtes Gewissen ist stärker als seine Angst. In der Nacht vor dem dritten Prozesstag kann er vor Gewissensbissen nicht einschlafen.

Am nächsten Tag erlebt das Publikum im Gerichtssaal eine Überraschung. Zunächst erscheint es so, als wolle der Verteidiger überhaupt nichts zugunsten seines Mandanten unternehmen. Die Zuhörer werden schon unwillig. Da lässt der Verteidiger Tom Sawyer in den Zeugenstand rufen. Mit Toms Aussage wendet sich das Blatt. Nun wird klar, dass Muff Potter unschuldig und Indianer-Joe der wahre Täter ist. Gerade noch rechtzeitig gelingt Letzterem die Flucht aus dem Gerichtssaal.

Auch wenn Hucks Name vor Gericht nicht erwähnt wurde und Tom zumindest tagsüber sein Heldentum genießt: Anfangs leben die beiden Freunde jede Nacht in Angst vor der Rache des flüchtigen Mörders.

Dennoch geht das Leben weiter und mit jedem Tag rückt die Furcht der beiden in den Hintergrund. Sie haben sich eine neue Beschäftigung ausgedacht: Gemeinsam gehen sie auf Schatzsuche. Eines Tages, als sie ein altes Spukhaus nach einem vermeintlichen Schatz durchsuchen, belauschen sie zwei Männer: einen alten, angeblich taubstummen Spanier, der sich zu ihrem Entsetzen als der maskierte Indianer-Joe entpuppt, und seinen Komplizen. So werden Huck und Tom Zeugen, wie die beiden tat-

sächlich – wenn auch eher zufällig – einen Schatz finden. Indianer-Joe und sein Komplize beschließen, den Schatz mitzunehmen und an einer sichereren Stelle, ihrem „Versteck Nummer 2, unter dem Kreuz" zu verbergen.

Von nun an setzen Tom und Huck alles daran, das geheimnisvolle „Versteck Nummer 2" zu enttarnen und den Schatz selbst aufzustöbern. Es gelingt ihnen eines Nachts sogar, bis zu dem Gasthauszimmer mit der Nummer 2 vorzudringen, in dem sie das Versteck vermuten: Huck steht Wache, während sich Tom ins Zimmer schleicht – und einen Schock erlebt: Er ist im Dunkeln fast auf Indianer-Joe getreten, der betrunken am Boden liegt und schläft. Wie von Furien gehetzt fliehen die beiden Jungen durch die Stadt.

Trotz all dieser Aufregung ist Tom glücklich: Richter Thatcher und seine Familie sind endlich aus den Ferien zurückgekehrt. Becky ist wieder da! Und damit nicht genug: Am nächsten Tag findet ein Ausflug statt. Während Tom Sawyer mit einer großen Gesellschaft auf dem Raddampfer zum Picknick unterwegs ist, steht Huckleberry weiterhin Wache vor dem Hinterausgang des Gasthauses, in dem er Indianer-Joe vermutet.

Und tatsächlich: Ausgerechnet in dieser Nacht tauchen Indianer-Joe und sein Komplize auf. Sie haben ein schweres Paket bei sich, das Huckleberry für den Schatz hält. Darum folgt er den beiden Verbrechern möglichst unauffällig. Nach und nach wird ihm jedoch klar, dass die Verfolgten keineswegs den Schatz vergraben wollen, sondern zu der von Indianer-Joe bereits mehrfach angekündigten Rachetat unterwegs sind: Joe will sich an der wohlhabenden Witwe Douglas für eine Beleidigung rächen, die deren verstorbener Mann ihm einmal angetan hat. Huckleberry graust es, als er den blutigen und brutalen Plan Joes belauscht, der der Witwe das Gesicht aufschlitzen will. Hals über Kopf rennt er davon, fort vom Haus der bedrohten Witwe und hin zu dem in einiger Entfernung wohnenden Mr Jones, einem Waliser, der mit seinen beiden Söhnen gleich loszieht, um der Witwe beizustehen. Als Huck in der Ferne Schüsse hört, flieht er in panischer Angst und versteckt sich.

Am nächsten Morgen schleicht sich Huckleberry noch vor Tagesanbruch zurück zum Haus des Walisers. Er ist überrascht: Noch nie in seinem Leben ist er, der Landstreicher, von einer „achtbaren Familie" derart freundlich empfangen worden. Er erfährt, dass die beiden Gangster entkommen sind, dass die Witwe jedoch gerettet werden konnte. Huck darf sich im Haus des Walisers ausschlafen, bekommt aber Fieber und wird schwer krank.

Währenddessen ist das Abenteuer mit Indianer-Joe im Städtchen bereits von einer neuen Aufregung abgelöst worden. Erst jetzt haben nämlich Tante Polly und Mrs Thatcher festgestellt, dass Becky und Tom vom gestrigen Ausflug nicht heimgekehrt sind. Offensichtlich haben sie sich in einer weitverzweigten, zum größten Teil noch unerforschten Tropfsteinhöhle verirrt. In aller Eile machen sich zweihundert Menschen auf die Suche nach den beiden – vergeblich.

Zu den Kopiervorlagen

KV Seite 28

Schule damals und heute
Die einführenden Informationen und der Sachtext befassen sich mit der Situation von Lehrern im 19. Jahrhundert. Als weitere Grundlage für eine Diskussion der anschließenden Fragen im Plenum oder in Kleingruppen können auch die folgenden Hintergrundinformationen zur Prügelstrafe herangezogen werden. Bei einem Gespräch über den Lehrerberuf heute sollten auch kritische Meinungen erlaubt sein, wenn sie sachlich vernünftig begründet werden.

Die Prügelstrafe

Viele Großeltern können sich noch gut daran erinnern, dass es früher in deutschen Schulen gang und gäbe war, verprügelt zu werden, auch mit dem Rohrstock. Wenn hingegen heute ein Lehrer oder eine Lehrerin die Hand gegen einen Schüler erhebt, handelt er oder sie sich damit großen Ärger ein, denn die Prügelstrafe ist in Deutschland verboten – übrigens noch gar nicht so lange: In Bayern wurde sie z. B. 1970, in Baden-Württemberg erst 1976 abgeschafft. Heute dürfen Lehrer und Lehrerinnen ihre Schüler nur noch mit Worten ermahnen, ihnen Strafarbeiten aufgeben oder einen Eintrag ins Klassenbuch machen. Das früher übliche „Nachsitzen" ist äußerst umstritten und auch das Vor-die-Tür-Stellen, das für viele heute aktive Lehrer noch ganz normal war, ist inzwischen verboten und wird sogar als Verletzung der Aufsichtspflicht angesehen.

Noch heute gibt es aber Staaten, in denen die Prügelstrafe an Schulen verbreitet ist. Das gilt auch für einige Bundesstaaten der USA, zum Beispiel für Mississippi, Arkansas und Alabama.

KV Seite 29

Das amerikanische Gerichtssystem
Um das Gerichtsverfahren gegen Muff Potter zu verstehen, sollte den Schülerinnen und Schülern zumindest in Grundzügen das amerikanische Justizsystem bekannt sein. Als weiterführende Aufgabe wird ein Vergleich mit dem deutschen Rechtssystem angestellt.

KV Seite 30

Todesstrafe: Ja oder nein?
Ausgehend von einem bissig-ironischen Originaltext Mark Twains, der hier für die Todesstrafe plädiert, sollen die Schüler Argumente für und gegen die Todesstrafe sammeln und diese dann mit Stellungnahmen bekannter Menschenrechtsorganisationen (z. B. auf der Homepage von *Human Rights Watch: www.hrw.org/de*) vergleichen. Bei der anschließenden Diskussion kann es sinnvoll sein, auch die für die Fächer Religion, Ethik und Sozialkunde zuständigen Lehrkräfte hinzuzuziehen.

KV Seite 31

Draußen vor der Tür
Die Art, wie Huckleberry Finn von Mr Jones in den Kapiteln 20 und 21 empfangen wird, ist denkbar unterschiedlich. Diesem veränderten Verhalten Huck gegenüber soll hier nachgegangen werden, auch, indem die Schüler über Gründe spekulieren. Deutlich werden

sollte vor allem, dass Huck ein Außenseiter ist, weil er der Sohn eines Trunkenbolds ist, keinen festen Wohnsitz hat, nicht zur Schule geht und sich an keine Konventionen gebunden fühlt. Anschließend überlegen die Schüler, wer heute in unserer Gesellschaft als „Außenseiter" gilt. (→ z. B. Obdachlose, Ausländer, Behinderte)

Gesprächs- oder Schreibanlässe

Beckys Tagebuch
Becky ist immer noch ganz perplex, dass Tom die eigentlich ihr zugedachte Strafe auf sich genommen hat. Abends schreibt sie darüber in ihr Tagebuch.

Toms schlaflose Nacht
Tom verbringt eine schlaflose Nacht: Zuerst hat er ein schlechtes Gewissen, dann entschließt er sich endlich, die Angelegenheit aufzuklären und die Wahrheit über die Mordnacht zu sagen. Er hat Angst vor dem bevorstehenden Prozesstag und vor Indianer-Joes möglicher Rache.
    Schreibe die Gedanken auf, die Tom in dieser Nacht durch den Kopf gehen.

Außenseiter und Mobbing
Dass Menschen aus irgendwelchen Gründen ausgegrenzt und in die Ecke gedrängt werden, kommt auch bei uns immer wieder vor.
    Diskutiert in der Klasse, wie es zu solchen Ausgrenzungen kommt und was ihr selbst dagegen tun könnt.

Kreativ aktiv

Rollenspiele: Huck – Tom / Muff Potter – Tom
- Tom hat mit seiner Aussage vor Gericht ohne Rücksprache mit Huck seinen feierlichen Eid gebrochen. Darüber geraten die beiden am nächsten Tag in Streit. Stellt diese Situation als Rollenspiel dar.
- Muff Potter bedankt sich gerührt bei Tom dafür, dass dieser ihn durch seine Aussage vor der Hinrichtung gerettet hat. Wie reagiert Tom wohl auf Muffs Dankesbezeugungen? Übt hierzu ein Rollenspiel ein.

Muff Potter als Punker
Eine deutsche Punkband hat sich den Namen „Muff Potter" gegeben. Kannst du dir einen Grund dafür vorstellen?

Schatzsuche
Angeregt von der in dem Roman geschilderten Schatzsuche lässt sich ein Geländespiel für die nächste Klas-senfahrt oder den nächsten Wandertag durchführen: Eine kleinere Gruppe geht das Gelände vorher ab und entwirft eine Karte mit lauter geheimnisvoll verschlüsselten Hinweisen. Auch eine klassische Schnitzeljagd mit einigen falschen Spuren ist denkbar. Im Zielgebiet ist dann der Schatz (eine Kiste mit Süßigkeiten o. Ä.) versteckt, den die nachfolgende Gruppe finden muss.

Sich verkleiden
Die Verkleidung Indianer-Joes als Spanier kann zum Anlass genommen werden, sich selbst zu maskieren. Es geht dabei weniger um eine karnevalistisch-lustige Maskerade, sondern eher darum, das eigene Äußere durch einige Details so zu verändern, dass man zwar weniger leicht erkannt wird, andererseits aber auch nicht zu offensichtlich verkleidet wirkt. Verkleidungsutensilien werden von zu Hause mitgebracht. Vielleicht hat die Schule auch eine Theater-AG, deren Kostümfundus hier gute Dienste leisten kann.

Schule damals und heute

Weder in den USA noch in Deutschland wurden Lehrer während des 19. Jahrhunderts wirklich gut ausgebildet. So ist es kein Wunder, dass die bessergestellten Schichten sie häufig als Halbgebildete verspotteten.

Das führte dazu, dass die Lehrer oft auch von den unteren Schichten nicht mehr als Respektspersonen ernst genommen wurden. Zudem wurden sie höchst unzulänglich bezahlt. Um ihre Familie zu ernähren, mussten viele Lehrer weitere Jobs (z.B. als Gerichtsschreiber, Küster oder Landwirt) ausüben.

 Lies, was 1889 die „Preußische Lehrerzeitung" dazu schrieb.

„Dass die meisten Lehrer schlechter gestellt sind als Nachtwächter, Briefträger, Arbeiter und viele andere, ist bekannt. Überraschend dagegen dürfte es sein, dass auch ein Postgaul mehr verdient als ein Lehrer. In Tilsit bezieht der fahrende Briefträger für seinen Araber [= Pferderasse] 725 Mark, während der Lehrer 540 Mark Gehalt bekommt."

 Diskutiert die folgenden Fragen. Vergesst nicht, eure Meinung zu begründen.

• Entspricht die wirtschaftlich armselige Situation der Lehrer der Darstellung von Mr Dobbins in „Tom Sawyer"?

• Wie sieht es heute mit der Wertschätzung des Lehrerberufes aus? Begründe deine Meinung.

• Tom wird in der Schule oft verprügelt. Auch heute gibt es noch Länder (u.a. auch Teile der USA), wo die Prügelstrafe erlaubt ist. Gibt es Argumente für die Prügelstrafe? Sind Strafen in der Schule überhaupt sinnvoll? Wenn ja, welche?

✎ Wie sollte deiner Meinung nach ein guter Lehrer sein? Kreuze drei Eigenschaften an.

☐ nett   ☐ gerecht

☐ einfühlsam   ☐ verständnisvoll

☐ witzig   ☐ streng

☐ kann gut erklären   ☐ klug

Das amerikanische Gerichtssystem

In Amerika entscheidet bei einem Mordprozess eine **Jury** aus zwölf ehrenamtlichen Richtern, den sogenannten **„Geschworenen"**, unter dem Vorsitz eines hauptamtlichen Richters, ob sie den Angeklagten des Verbrechens für **schuldig** oder **nicht schuldig** hält.

Die Geschworenen stützen sich dabei auf **Indizien** sowie auf die **Aussagen** des Angeklagten und mehrerer **Zeugen**, die während der **Verhandlung** von Ankläger sowie Verteidiger in ein strenges **Kreuzverhör** genommen werden und auch von den Jury-Mitgliedern befragt werden können. An diesem System hat sich grundsätzlich bis heute nicht viel geändert.

✏️▶ Finde heraus, wie heutzutage ein Mordprozess in Deutschland abläuft. Recherchiere dazu im Internet oder in einem Lexikon oder befrage deine/n Sozialkundelehrer/in. Notiere Stichwörter.

_____

_____

_____

_____

_____

_____

_____

_____

_____

_____

 Welche Vor- und Nachteile hat das amerikanische Rechtssystem gegenüber dem deutschen? Diskutiert.

Todesstrafe: Ja oder nein?

Nun ist also herausgekommen, dass in Wirklichkeit Indianer-Joe der Mörder ist und nicht Muff Potter.

 Lies, was Mark Twain in der ursprünglichen Fassung des „Tom Sawyer" dazu schreibt. Welche Meinung hat er zur Todesstrafe?

„Es gab noch einen höchst wichtigen Plan: die Einreichung eines Gnadengesuches an die Regierung. Viele rührselige und wortreiche Versammlungen waren abgehalten worden und man hatte vereinbart, dass sich eine Delegation charmanter Frauen in tiefer Trauer und jammernd zum Gouverneur begeben sollte, um diesen anzuflehen, er möge doch ein barmherziger Volltrottel sein und seine Pflichten mit Füßen treten. Man verdächtigte Indianer-Joe zwar, fünf Bürger des Städtchens ermordet zu haben – aber wen interessierte das schon? Und wenn er der Teufel selbst gewesen wäre – es hätten sich immer noch genügend Waschlappen bereitgefunden, ihre Namen unter ein Gnadengesuch zu kritzeln und eine Träne aus ihrem immer schadhaften und lecken Wasserwerk darauffallen zu lassen."

 Die Todesstrafe ist heute immer noch verbreitet (z. B. in den USA) und wird von vielen Menschen befürwortet. Sammelt Argumente.

Für die Todesstrafe

_____

_____

_____

_____

Gegen die Todesstrafe

_____

_____

_____

_____

 Internationale Menschenrechtsorganisationen wie *amnesty international* oder *Human Rights Watch* beziehen Stellung gegen die Todesstrafe. Informiere dich (zum Beispiel im Internet) und vergleiche mit deinen Argumenten gegen die Todesstrafe.

 Diskutiert in der Klasse die Argumente für und gegen die Todesstrafe.

Draußen vor der Tür

Zweimal steht Huckleberry vor der Tür des alten Walisers Mr Jones.
Die Art, wie er jeweils empfangen wird, ist denkbar unterschiedlich.

Soso, Huckleberry Finn.
Das ist ja nun nicht gerade
ein Name, bei dessen Klang man gerne
die Tür öffnet. Aber was soll's ...

Lassen Sie
mich rein, schnell!
(...) Huckleberry
Finn! Bitte, schnell!

Ich bin's, Huck ...

Das ist ein Name,
für den ich meine Türe
zu jeder Tages- und Nachtzeit
öffne. Komm nur herein,
mein Junge!

✏️➤ Warum verhält sich Mr Jones beim zweiten Mal so anders?
Was bedeutet das für Huckleberry und seine Zukunft?

_____

_____

_____

✏️➤ Die „ehrbaren" Bewohner von St. Petersburg grenzen Außenseiter
wie Huckleberry Finn oder Muff Potter aus. Warum wohl?

_____

_____

✏️➤ Wer kann heutzutage in der Gesellschaft ein Außenseiter sein?
Wie wird man zum Außenseiter?

_____

_____

_____

Inhalt

Tom und Becky haben sich tatsächlich in der Höhle verirrt: Anfangs sind sie noch mit den anderen durch den bekannten Teil der Höhle gelaufen, dann sondern sie sich etwas ab und erkunden die prächtige, weitverzweigte Höhle auf eigene Faust. Tom macht mit seiner Kerze an jeder Weggabelung ein Merkzeichen an die Wand. Staunend gehen sie immer weiter, bis sie unversehens in einem „Raum" der Höhle einen ganzen Schwarm von Fledermäusen aufstören. Eines der vielen Tiere, die sich auf sie herabstürzen, löscht mit seinem Flügelschlag Beckys Kerze aus. Die Kinder wissen: Wenn auch Toms Kerze ausgeht, sind sie verloren, denn sie haben keine Möglichkeit, das Licht wieder zu entzünden.

In wilder Hast fliehen sie, ohne wie bisher weiter Merkzeichen zu machen. Als die Fledermäuse endlich von ihnen ablassen, brennt zwar Toms Kerze noch, aber sie sind nicht mehr in der Lage, den Rückweg zu finden. Vergebens irren sie durch die Gänge und werden dabei immer verzweifelter. Erschöpft und gepeinigt von Hunger müssen sie schließlich an einer unterirdischen Quelle anhalten und die Suche aufgeben, weil ihr letztes Stück Kerze verlöscht. Trotzdem versucht Tom noch die Gänge zu erkunden, die direkt von der Quelle abgehen. Er hat ein Stück Drachenschnur, das er abrollt, während er sich durch das Dunkel vorwärtstastet. Hat er das Ende der Schnur erreicht, muss er jedes Mal wieder umkehren und zurück zur Quelle. Beim ersten Versuch, den er auf diese Weise unternimmt, hat er eine unheimliche Begegnung. Er ist auf einen Spalt im Höhlenboden gestoßen, dessen Breite und Tiefe er im Dunkeln nicht abschätzen kann und der deshalb ein unüberwindliches Hindernis für ihn darstellt. Während er den Spalt noch untersucht, sieht er plötzlich auf der anderen Seite einen Lichtschein, dann zeigt sich hinter einem Felsvorsprung eine Hand, die eine Kerze hält. Ist das die Rettung? Doch Toms Freudenschrei

bricht jäh ab, als die ganze Gestalt erscheint – es ist Indianer-Joe! Dieser ist genauso erschrocken wie Tom. Das Echo hat Toms Stimme verzerrt, sodass Joe den Jungen, der vor Gericht gegen ihn ausgesagt hat, nicht erkennt. Er flieht. Auch Tom kehrt schnell zur Quelle zurück. Es dauert lange, bis er einen neuen Versuch in einem anderen Gang wagt.

In St. Petersburg hat man währenddessen fast alle Hoffnung aufgegeben: Am Samstag sind die Kinder in der Höhle verschwunden und jetzt ist es bereits Dienstagabend! Entmutigt gehen die Menschen schlafen. Da, mitten in der Nacht, läuten alle Glocken. Tom hat einen Ausweg gefunden. Viele Meilen vom ursprünglichen Höhleneingang entfernt sind die Kinder durch ein winziges Loch direkt am Ufer des Mississippi ins Freie gelangt.

Erschöpft und ausgezehrt wie sie sind, dauert es ein paar Tage, bis sich die Kinder erholt haben. Dann aber macht sich Tom auf, um Huckleberry, der noch immer krank im Bett liegt, zu besuchen. Unterwegs schaut er bei Becky vorbei und erfährt dort zufällig, dass Beckys Vater den altbekannten Höhleneingang – den engen anderen Ausstieg kennt außer Tom und Becky sowieso noch niemand – durch eine schwere Tür hat sichern und versperren lassen, damit sich nie wieder jemand in der Höhle verirrt. Entsetzt erkennt Tom, dass Indianer-Joe seit fast zwei Wochen in der Höhle eingesperrt ist.

Indianer-Joe wird tot aufgefunden. Er ist elend verhungert. So entsetzt Tom über das grausige Ende seines Feindes auch ist, so groß ist doch die Last, die von ihm abfällt, als ihm klar wird, dass er künftig keine Angst mehr vor der Rache des Verbrechers haben muss. Indianer-Joe wird in der Nähe der Höhle begraben – die Leiche seines Komplizen, der bei einem Fluchtversuch ertrunken ist, war schon vor einiger Zeit vom Mississippi angespült worden.

Am Tag nach Joes Beerdigung begeben sich Tom und Huckleberry wieder einmal auf Schatzsuche. Tom führt Huck zu seinem Höhlenausstieg am Mississippi-Ufer. Dort steigen sie in die Höhle ein und Tom offenbart Huck das Geheimnis, das er seit seiner Rückkehr mit sich herumgetragen hat: An genau der Stelle, wo er damals die Hand Indianer-Joes hat auftauchen sehen, sind ein Kreuz und die Ziffer 2 an die Wand gemalt. Jetzt, da sie Licht haben, zeigt es sich, dass sie die Felsspalte problemlos überwinden können.

Schnell sind sie an der Stelle, an der sich die Markierung befindet, und beginnen zu graben. Und tatsächlich finden sie den Schatz und können ihn heben.

Spätabends kommen sie schmutzig, aber zufrieden wieder in St. Petersburg an. Sie verladen den Schatz auf einen Handwagen und wollen ihn so in ein Versteck bringen, als

sie Mr Jones begegnen, der auf der Suche nach ihnen ist. Er bringt Tom und Huck zur Witwe Douglas, die in ihrem großen Haus eines ihrer beliebten Feste gibt. Sie will sich bei Mr Jones und seinen Söhnen und bei Huck, dessen Rolle bei ihrer Rettung inzwischen bekannt geworden ist, bedanken. Vor den versammelten Honoratiorenfamilien des Ortes verkündet sie, dass sie den Landstreicher Huck zu sich nehmen, ihn erziehen lassen und ihm eine Ausbildung finanzieren will. Jetzt ist der rechte Moment für Toms großen Auftritt gekommen: Er ruft, dass Huckleberry das alles gar nicht nötig habe, weil er selbst reich sei, und präsentiert den mehr als skeptischen Zuhörern den Schatz. Das Staunen ist unbeschreiblich.

Danach ist einige Wochen alles ruhig. Doch dann ist Huck, der inzwischen bei der Witwe Douglas lebt, plötzlich verschwunden. Allgemein herrscht deshalb große Sorge und Ratlosigkeit. Nur Tom ist etwas schlauer und stöbert Huck in einem seiner alten Verstecke auf. Toms Freund ist wieder in Lumpen gekleidet wie in früheren

Tagen. Ausführlich schildert er Tom seine Qualen: Er vermisst sein ungebundenes Vagabundenleben und kann sich nicht an die vielen Konventionen gewöhnen, denen er jetzt unterworfen sein soll. Tom gelingt es jedoch, Huck mit dem Versprechen, sie würden gemeinsam eine Räuberbande gründen, wenn er bei der Witwe Douglas bleibe, zur Rückkehr zu bewegen.

Zu den Kopiervorlagen

KV Seite 36/37

Mark Twain und die Indianer

Mark Twain war alles andere als ein Indianerfreund! Das zeigt sich auch in seiner Stilisierung des „Mischlings" Indianer-Joe zum großen Bösewicht. Belegt wird Twains Haltung durch den Text auf der KV von Seite 36. Ein zweiter Sachtext (Seite 37) schildert die Not der Indianer. Beide Texte sollen die Schüler zum eigenständigen Weiterforschen anregen.

KV Seite 38

Flucht aus dem goldenen Käfig

Hier sind Hucks Klagen, die für die Schullektüre gekürzt werden mussten, ausführlich abgedruckt. Aufgabe der Schüler ist es, Kompromissvorschläge zu erarbeiten und nach Lösungsmöglichkeiten für Huckleberrys Probleme – aber auch für die der Witwe Douglas – zu suchen. Außerdem hinterfragen die Schüler kritisch ihr eigenes Leben und überlegen, was sie gerne ändern würden und könnten.

Gesprächs- oder Schreibanlässe

Es gibt viel zu berichten!

• *Bericht 1:* An dem Sonntagmorgen, an dem Tante Polly und Mrs Thatcher entdecken, dass Tom und Becky überhaupt nicht nach Hause gekommen sind, ist auch der Redakteur der Lokalzeitung dabei. Er verfasst einen Bericht über die Szene nach der Kirche sowie den anschließenden Beginn der großen Suchaktion. Schreibe diesen Zeitungsartikel!

• *Bericht 2:* Die Erlebnisse und das glückliche Wiederauftauchen der Kinder werden ebenfalls in einer Zeitungsmeldung oder einem kurzen Artikel geschildert. Schreibe die Meldung oder den Artikel.

• *Bericht 3:* Auch Tom berichtet von seinen und Beckys Erlebnissen in der Höhle. Bei ihm klingt das natürlich nicht so nüchtern und sachlich wie in der Zeitung. Schreibe Toms Erzählung möglichst spannend und packend. Schmücke die Tatsachen aus. Du darfst auch gerne ein wenig übertreiben.

Eine Wunderwelt tief unter der Erde

• Warst du schon einmal in einer Tropfsteinhöhle? Wie sieht es dort aus? Wie hast du dich unter der Erde gefühlt? Vielleicht hast du sogar Fotos, die du deinen Mitschülern zeigen kannst.

• Informiere dich in der Bibliothek, in einem Lexikon oder im Internet über Tropfsteinhöhlen und beantworte folgende Fragen: Wo gibt es in Deutschland, Österreich oder der Schweiz Tropfsteinhöhlen? Was ist ein Stalagmit? Was ist ein Stalaktit? Wie entsteht eine Tropfsteinhöhle? In welcher Gesteinsart entstehen Tropfsteinhöhlen üblicherweise? Wie weit kann eine Tropfsteinhöhle in den Fels hineinreichen? Gibt es in einer Tropfsteinhöhle Wasser? Vielleicht können dir folgende Internetseiten helfen:
www.schulerloch.de
www.atta-hoehle.de
www.maximiliansgrotte.de

Von Labyrinthen und Irrgärten

Als sich Tom und Becky in der Höhle verirren, kommen ihnen die vielen Gänge und hintereinandergelegenen Höhlenräume irgendwann wie ein Labyrinth vor.

- Warst du schon einmal in einem Labyrinth und hast dich verirrt? Erzähle.
- Hör dir die beiden Texte über zwei berühmte Labyrinthe aufmerksam an und notiere beim Zuhören wichtige Stichwörter.
  (→ *den Schülern beide Texte aus dem grauen Kasten vorlesen und ggf. Verständnis sichern*)
- Beantworte anschließend folgende Fragen: Wie unterscheiden sich die Labyrinth-Vorstellungen, die aus diesen beiden Texten sprechen? Notiere die unterschiedlichen Sichtweisen.

Das Labyrinth von Chartres

Schon seit Jahrhunderten haben Labyrinthe auch religiöse Bedeutung. Darum finden sie sich häufig bei Kirchen, wie z. B. bei der berühmten französischen Kathedrale von Chartres. Solche Labyrinthe wirken meist auf den ersten Blick sehr verwirrend – und doch kann man sich in ihnen nicht wirklich verlaufen. Es gibt nur einen einzigen Weg, der nicht in einer Sackgasse endet und auf den man früher oder später stoßen wird – und dieser Weg führt zum Mittelpunkt. Genau das erklärt auch die religiöse Bedeutung von Labyrinthen. So heißt es z. B. auf der Homepage eines religiösen Bildungshauses:

„Im Labyrinth konzentriert man sich auf die innere Erfahrung, sicher geleitet zu werden. Trotz vieler Wendungen gelangt der Gehende unweigerlich zur Mitte: zur Begegnung mit dem eigenen Schatten und dem heilen Kern. Von dieser Mitte findet man wieder sicher nach draußen – mit einem neuen Blick auf die Welt. Beim Gehen im Labyrinth erfährt man, dass man auf dem Lebensweg nicht verlorengehen kann, dass man irgendwann die eigene Mitte findet und dass sich am Ende die verschlungenen Pfade des Lebens und die vielen Umwege als sinnvolle und oft notwendige Muster enthüllen."

Die Sage vom Ariadnefaden

Ariadne und ihr Geliebter Theseus, der Prinz von Athen, kommen nach Kreta, wo in einem Labyrinth der bösartige Minotaurus wütet. Der Prinz macht dem Treiben des Minotaurus ein Ende: Er wagt sich ins Labyrinth und bringt das Monstrum um. Damit er sich in dem Gewirr der Gänge nicht verläuft, gibt ihm Ariadne ein Wollknäuel mit. So markiert er seinen Weg und kommt wohlbehalten wieder heraus.

Sid macht sich unbeliebt

Toms Halbbruder Sid ist einer von Toms Lieblingsfeinden. Notiert, was Sid sich im Laufe des Romans alles zuschulden kommen lässt – einschließlich seines letzten „Streichs". Stellt ihn dann zu dritt oder zu viert in einem Rollenspiel zur Rede (s. u.).

Wenn ich einmal reich wär …

- Tom und Huck unterhalten sich über die Schatzsuche. Stell dir vor, du könntest sie in diesem Moment fragen: „Was würdet ihr mit so viel Geld machen?" Was würden sie dir wohl antworten? Haben sie ähnliche Wünsche oder unterschiedliche?
- Was würdest du selbst tun, wenn du einen Schatz fändest? Notiere deine Ideen. Sprecht dann in der Klasse darüber.

Blick in die Zukunft

Tom und Huck sind jetzt reich. Wird ihr weiteres Leben deshalb anders verlaufen? Beschreibe Tom und Huck im Alter von 40 Jahren.

Kreativ aktiv

Ein Standbild bauen

Auf dem dunklen Pfad, der zum Anwesen der Witwe Douglas führt, läuft Huckleberry beinahe in Indianer-Joe und seinen Komplizen hinein. Die beiden merken gar nichts, Huck aber erschreckt sich fast zu Tode.

Stellt diese Szene in einem Standbild nach. Ihr benötigt drei Spieler und einen Regisseur (siehe Seite 20).

Methode „Schauplatzbereitung"

Nach der vorne eingeführten Methode (siehe Seite 6) kann auch folgender Schauplatz bereitet werden: das Haus von Mr Jones, das Haus der Witwe Douglas und der dazwischenliegende Weg (einschließlich Seitenpfad), auf dem Huck erst den beiden Gangstern nachschleicht und dann flieht.

Labyrinthe gestalten

Begehbare Labyrinthe kann man sehr gut selbst malen oder bauen: im Schnee, im Sand, aus Kerzen, mit Steinen. Im Labyrinth selbst kann man feiern, tanzen, meditieren, spielen. Im Rahmen einer Klassenfahrt, einer Projektwoche oder eines Schulfests bieten sich hier viele, auch für Kinder und Jugendliche interessante Möglichkeiten. Tipps und Anregungen zum Thema Labyrinthe finden sich z.B. in den Büchern des Österreichers Gernot Candolini und auf den Internetseiten: *www.labyrinthe.at – www.begehbare-labyrinthe.de*

Die Welt der Fledermäuse

Was hat die Fledermäuse eigentlich so aufgeregt, dass sie sich auf Becky und Tom gestürzt haben? Sind Fledermäuse ganz harmlose oder eher gefährliche Tiere? Was fressen sie? Und wie orientieren sie sich im Dunkeln?

Informiere dich ausführlich und präsentiere dein Wissen anschaulich der Klasse.

Rollenspiel: Sid macht sich unbeliebt

Führt das Rollenspiel vor, das ihr gemeinsam entwickelt habt (s.o.). Vergleicht den Verlauf eures „Kreuzverhörs" mit dem anderer Gruppen.

Eine Schatzkarte zeichnen

Zeichne eine Schatzkarte, aus der hervorgeht, wo ein Schatz (also z.B. eine kleine Holzkiste mit Süßigkeiten) vergraben liegt. Tauscht eure Karten aus und macht euch auf die Suche.

Der neue Huck

Zeichne Huck, wie du ihn dir vorstellst, wenn er elegante Kleider trägt, frisch frisiert ist usw. Welcher Gesichtsausdruck passt zu ihm? Ist das noch der Huckleberry Finn, den du kennengelernt hast?

Mark Twain und die Indianer (1)

Mark Twain ist alles andere als ein Indianerfreund gewesen. Das zeigt sich auch dadurch, dass er den „Mischling" Indianer-Joe als großen Bösewicht schildert.

 Lies den Text und unterstreiche zentrale Aussagen über die Indianer.

Der Indianer ist klein, hager, schwarz und dreckig; und, selbst nach den wohlwollendsten Kriterien durch und durch jämmerlich und verachtenswert […] und in der Tat ist er nichts weiter als ein armer, dreckiger, nackter und niederträchtiger Vagabund, dessen Ausrottung für die würdigeren Insekten und Reptilien des Schöpfers, die unter ihm zu leiden haben, eine gute Tat wäre […].

Die Sprache der Indianer ist sehr einfach und bescheiden und besteht aus reinen Lügen […].

Er ist unedel – niederträchtig, falsch und hassenswert in jeder Beziehung […].

Der vorherrschende Charakterzug aller Wilden ist eine gierige und verzehrende Selbstsucht, und bei unserem edlen Indianer findet man ihn in seiner reichlichsten Ausprägung. Sein Herz ist ein Pfuhl von Falschheit, Treulosigkeit und niedriger und teuflischer Instinkte. Dankbarkeit ist ihm unbekannt; und wenn man ihm etwas zugutetut, behält man ihn am besten im Auge, damit man nicht plötzlich einen Pfeil in den Rücken bekommt […].

Geschichte und Beobachtung zeigen, dass der Rote Mann ein hinterhältiger Feigling und eitler Aufschneider ist. Wenn er angreift, dann aus dem Hinterhalt oder im Schutze der Nacht, und fast immer mit einer Überlegenheit von fünf oder sechs zu eins. Er mordet Frauen und kleine Kinder und massakriert die Männer in ihren Betten […].

Er tauscht sein lahmes Pferd, seine defekte Flinte oder seinen Hund, eine Portion Heuschrecken und seine Mutter gegen sie (eine Frau) ein und lässt sie für den Rest ihres Lebens wie eine elende Sklavin schuften, um ihn für diese Auslagen zu entschädigen. Er selbst arbeitet nie […]. Der Abschaum der Menschheit!

Aus dem Essay „The Noble Red Man" von Mark Twain (1870), zitiert nach Norbert Bernhard: *Tarzan und die Herrenrasse. Rassismus in der Literatur,* Basel (Lenos) 1986, S.115–116.

 **Kannst du dir vorstellen, warum Mark Twain eine derart negative Position Indianern gegenüber vertritt?**

Mark Twain und die Indianer (2)

Völlig anders klingt dagegen dieser Bericht des amerikanischen Malers George Catlin über den Untergang des Mandan-Stammes infolge einer Pockenepidemie. George Catlin (1796–1872) unternahm zahlreiche Reisen zu den Indianerstämmen Nordamerikas.

 Vergleicht nach dem Lesen Catlins Indianerbild mit dem von Mark Twain.

Die Krankheit wurde in wenigen Tagen so furchtbar, dass die Menschen innerhalb kürzester Zeit starben. Die Hoffnungslosigkeit war so groß, dass fast die Hälfte der Erkrankten sich mit dem Messer, der Flinte oder durch einen Sturz von Felsabhängen selbst den Tod gaben. Die größte Verzweiflung bemächtigte sich aller, und Tag und Nacht riefen sie den großen Geist an, damit er sie von dieser Plage befreie. Über den edlen Mato-Tope muss ich noch einige Worte sagen. Nachdem er selbst von der Krankheit genesen war, saß er in seinem Wigwam und sah, wie seine Frau und die Kinder nach und nach erkrankten und starben.

Als alle die Seinigen dem Tod zur Beute geworden waren, ging er durch das Dorf und weinte über den Untergang seines Stammes. Alle tapferen Krieger, von denen allein die Erhaltung des Stammes abhing, waren nicht mehr unter den Lebenden.

Er kehrte in seine Hütte zurück, legte seine tote Frau und seine toten Kinder auf einen Haufen, bedeckte sie mit einigen Büffelhäuten, hüllte sich ebenfalls in eine Haut und ging nach einem in der Nähe befindlichen Hügel, wo er trotz aller Bitten der Pelzhändler mehrere Tage liegen blieb und den Hungertod zu sterben beschloss. Am sechsten Tage hatte er eben noch so viel Kraft, nach dem Dorf zurückzukehren. Er begab sich in seinen Wigwam, legte sich neben die Leichen seiner Frau und seiner Kinder, zog die Büffelhaut über sich und starb am neunten Tage, nach dem er das Dorf verlassen hatte.

Dies sind die Nachrichten über das Aussterben der Mandan-Indianer. Es ist möglich, dass noch einzelne von ihnen leben, obwohl ich es nicht für wahrscheinlich halte. Doch selbst wenn dies der Fall wäre, so haben sie als Nation aufgehört zu existieren.

Zitiert nach: Hermann Josef Roth: *Prinz Maximilian zu Wied – Jäger, Forscher, Reisender. Leben und Werk.* Montabaur (Verlag der Museen des Westerwaldkreises) 1995.

Flucht aus dem goldenen Käfig

Als Tom Huck gefunden hat, klagt ihm dieser sein Leid über das neue Leben bei der Witwe Douglas.

 Lies den Text und zähle auf, was Huck alles zu schaffen macht.

„Es ist schrecklich: Ich muss jeden Morgen um die gleiche Zeit aufstehen. Täglich muss ich mich waschen und werde regelrecht zuschanden gekämmt. Und dann muss ich diese verdammten Kleider tragen, in denen ich fast ersticke. Irgendwie scheint durch den Stoff keine Luft durchzugehen, Tom. Und sie sind so beschissen vornehm, dass ich mich nicht traue, mich in ihnen hinzusetzen oder hinzulegen, geschweige denn irgendwo herumzutollen. […] Die Witwe isst nach der Uhr, sie geht nach der Uhr zu Bett und sie steht nach der Uhr auf – alles ist so schrecklich regelmäßig, dass man's nicht aushalten kann. […] Ich halte es nicht aus. Es ist grauenvoll. Und man kriegt auch viel zu leicht was zum Fressen. Ich hab gar keinen Spaß mehr am Essen. Ich muss um Erlaubnis fragen, wenn ich angeln gehen will. Ich muss um Erlaubnis fragen, wenn ich schwimmen gehen will. Für alles muss ich um Erlaubnis fragen! Und ständig muss ich so geschwollen sprechen. […] Ich darf nicht rauchen, ich darf nicht schreien, ich darf mich nicht strecken und ich darf mich nicht kratzen, wenn jemand zuschaut. […] Außerdem: Bald fängt die Schule wieder an. Soll ich da etwa auch hin? Das würde ich nicht aushalten […]. Reichsein ist gar nicht so schön, wie ich immer dachte. Es ist nur Sorge und Ärger und du wünschst die ganze Zeit, du wärst lieber tot. […] Diese Klamotten passen zu mir und dieses Fass passt zu mir. Ich will gar nichts anderes. Wenn das verdammte Geld nicht wäre, dann wäre ich nie in das ganze Elend geraten. […] Es macht keinen Spaß, wenn man etwas zu leicht bekommt."

 **Was könnten Huck und die Witwe Douglas tun, um einen Kompromiss zu finden, mit dem beide zufrieden sind?**
Macht Vorschläge und diskutiert sie in der Klasse.

 Was gefällt dir an deinem Leben nicht?
Was könntest du ändern, was nicht?

_____

_____

_____

_____

_____

Zu allen Kapiteln

Zu den Kopiervorlagen

KV Seite 41

Ein Lausejunge, wie er im Buche steht
Kinder und Jugendliche haben heute ähnliche Probleme wie der junge Protagonist, trotz des großen zeitlichen Abstands. Sicher können sie mit dem sympathischen Helden mitfühlen, wenn er lieber zum Schwimmen geht als zum Nachmittagsunterricht oder wenn er sich vor der dafür auferlegten Strafarbeit drücken will. Auf diese Weise ist Tom eine ideale Identifikationsfigur für die Schüler. Wenn sich die Leser eine Meinung über den Romanhelden bilden, sollten sie aber nicht nur unreflektiert ihre Sympathien äußern, sondern auch kritisch hinterfragen, ob manche von Toms Streichen nicht zu weit gehen.

KV Seite 42

Mein Freund Huck
Toms guter Freund Huckleberry Finn führt ein ganz anderes Leben als die „spießigen" St. Petersburger. Er lebt in einem alten Fass, trägt schmutzige Kleidung, die ihm viel zu groß ist, und geht weder zur Schule noch zur Sonntagsschule. Sein ungezwungenes Leben ohne Regeln und Verbote kann auf die Schüler reizvoll wirken.

Bei einer Diskussion über Hucks zwanglosen Lebensstil sollten aber immer auch die „Schattenseiten" thematisiert werden.
(→ *keine Bezugsperson, vgl. Rückkehr der Jungen von der Insel; Einsamkeit, kein gesichertes Leben, keine Bildung*)

Lösung
Huck sagt zunächst, dass er das Geld schnell ausgeben würde, wenn er reich wäre. Als die beiden Jungen aber tatsächlich einen Schatz finden und Huck ein geordnetes Leben in Wohlstand führen soll, verflucht er seinen Reichtum.

KV Seite 43

Wer ist wer? – Kreuz und quer
Das Kreuzworträtsel kann von den Schülern nach Abschluss der Lektüre gelöst werden. Anhand der Beschreibungen finden die Schüler die gesuchten Personen und tragen ihre Namen in das Rätselgitter ein. Anschließend ordnen sie den abgebildeten Personen die richtigen Namen zu, indem sie Nummern aus dem Rätsel bei den Bildern eintragen.

Lösung
1) Tante Polly, 2) Amy Lawrence, 3) Becky, 4) Sidney, 5) Huckleberry Finn, 6) Joe Harper, 7) Dr. Robinson, 8) Muff Potter, 9) Horse Williams, 10) Mr Walter
Lösungswort: ABENTEUER

KV Seite 44

Der Schriftsteller Mark Twain
Anhand des ausführlichen Textes zum Leben Mark Twains erstellen die Schüler einen stichpunktartigen Lebenslauf, in dem sie die wichtigsten Informationen über den Schriftsteller festhalten.

Die Welt zu der Zeit, in der „Tom Sawyer" spielt	
1830–1840	Die östlich des Mississippi lebenden Indianerstämme werden vertrieben und in Gebiete westlich des Mississippi umgesiedelt.
1835	Zwischen Nürnberg und Fürth verkehrt in Deutschland die erste Eisenbahn.
1841	James F. Coopers, den Mark Twain wegen seiner positiven Haltung gegenüber Indianern nicht sonderlich schätzt, veröffentlicht seine Indianergeschichte „Lederstrumpf".
1846–1848	Die USA führen Krieg gegen Mexiko.
1848	Revolution in Deutschland mit dem Ziel, eine demokratische Verfassung durchzusetzen.
1848	Beginn des Goldrauschs in Kalifornien.

KV Seite 45

Mark Twains Erzählstil
Hier geht es um den Erzählstil Mark Twains: In dem abgedruckten Textausschnitt bedient er sich der Ironie, um die Formelhaftigkeit des Gebetes und die Selbstgefälligkeit des Pfarrers zu kritisieren.

Lösung
Ironie bedeutet wörtlich „Verstellung" und bezeichnet eine Redeweise, bei der das genaue Gegenteil von dem

gemeint ist, was gesagt wird. Zum Beispiel: „Du bist vielleicht ein Schlaukopf!" (über jemanden, der sich dumm verhalten hat).

„Tom Sawyer" – ein Jugendbuch?

KV Seite 46

Ausgehend von dem hier abgedruckten Geleitwort, das Mark Twain seinem „Tom Sawyer" voranstellte, und anhand der wichtigen Sätze aus einem Brief an seinen Verleger soll hier kontrovers diskutiert werden, ob „Tom Sawyers Abenteuer" als Jugendbuch gedacht war oder nicht.

Daran anschließend können die Schüler ihre Einschätzung abgeben, ob die Handlung eher für Erwachsene oder eher für Jugendliche interessant ist. Dabei können Sie – besonders wenn der unbearbeitete Originaltext zumindest in Teilen bekannt ist – als Lehrer/in Aspekte wie „Ist ein Mordfall kindgerecht?" sowie „Gesellschaftskritik und Satire, (k)ein Thema für Jugendliche?" in die Diskussion einbringen.

Meine Meinung zu „Tom Sawyer"

KV Seite 47

Auf diesem Arbeitsblatt bekommen die Schüler die Gelegenheit zu einer (gelenkten) Meinungsäußerung zu dem Roman. Sie können positive und negative Kritik an dem Buch äußern und sich im Rückblick zusammenfassend damit auseinandersetzen, wobei natürlich Begründungen der eigenen Meinung nicht fehlen sollten. Beim Zeichnen einer selbst ausgewählten Szene aus der Lektüre dürfen die Schüler nochmals auf kreative Weise einen Aspekt aus dem Buch herausgreifen, der ihnen besonders im Gedächtnis haften geblieben ist.

Gesprächs- oder Schreibanlässe

Geldsegen oder Geldsorgen

Huck weiß nicht so recht, was er nach dem Fund des Schatzes mit seinem Reichtum anfangen soll, und verflucht daher den Geldsegen schnell.

- Was würdest du dir als Erstes kaufen, wenn du plötzlich reich wärst?
- „Geld verdirbt den Charakter" sagt ein Sprichwort. Was ist damit gemeint? Kann viel Geld auch negativ sein?
- Bekommst du Taschengeld? Was machst du damit?

Wer erzählt hier eigentlich?

Sucht im Text nach Beispielen für die auktoriale und die personale Erzählhaltung und besprecht eure Ergebnisse in der Klasse.

Erzählhaltungen

Mark Twain bedient sich überwiegend der personalen Erzählhaltung, wechselt aber bisweilen in die des auktorialen Erzählers, wie z. B. hier: „Tom litt tatsächlich, so hervorragend arbeitete seine Einbildungskraft. Sein Stöhnen klang ganz echt." Der personale Erzähler berichtet aus dem Blickwinkel einer der handelnden Personen und kann nur die Gedanken und Gefühle dieser Person (die allerdings relativ schnell wechseln kann: z. B. Tom – Becky – Tom) wahrnehmen.

Der auktoriale Erzähler hingegen ist ein allwissender Erzähler. Er kann jederzeit in den Erzählfluss eingreifen, Kommentare abgeben, Vorankündigungen machen usw.

Ein Lausejunge, wie er im Buche steht

Tom Sawyer ist ein echter „Lausebengel", der die Nerven seiner Tante und seiner Lehrer oft strapaziert.

✏️ Wie würdest du den Lausejungen Tom beschreiben? Nenne drei Adjektive. Es können positive oder negative Eigenschaften sein.

_____

✏️ Welche Streiche heckt Tom aus? Nenne mindestens drei.

_____

_____

_____

👥 Manchmal wird Tom erwischt, weil Sid ihn verrät. Findest du das gut? Wann ist „Petzen" erlaubt? Diskutiert.

✏️ Sind Toms Streiche nur „harmlose Kindereien" oder macht er auch Dinge, die nicht in Ordnung sind? Kreuze an und begründe deine Meinung.

☐ „Manchmal bringt Tom sich und andere unnötig in Gefahr."

☐ „Tom ist total super. So muss ein richtiger Junge sein, nicht so ein Schleimer wie Sid."

☐ „Tom ist manchmal ziemlich gemein zu anderen."

☐ „Ich finde das alles total harmlos und lustig."

☐ „Wer andere übers Ohr haut und sich so durchs Leben schlängelt, hat mal eine kräftige Abreibung verdient."

Begründung

_____

_____

_____

 Hast du auch schon einmal einen Streich ausgeheckt? Erzähle.

Mein Freund Huck

✏️ Huckleberry Finn ist kein gewöhnlicher Junge.
Was erfährst du über ihn? Wie sieht er aus?

_____

_____

_____

👦👦👦 Könntest du dir vorstellen, Huck als Freund zu haben?
Begründe.

✏️ Huck hat ein ziemlich gespaltenes Verhältnis
zum Thema „Geld". Kreuze an.

Huck und Tom sind auf Schatzsuche.
Was würde Huck mit seinem Geld machen,
wenn er einen Schatz finden würde?

☐ Den Schatz schnell wieder verstecken.

☐ Das Geld zur Bank bringen.

☐ Mit dem Geld anderen helfen.

☐ Das Geld schnell ausgeben.

Wie geht es Huck tatsächlich, als er reich ist?

☐ Er findet es toll und genießt das Luxusleben sehr.

☐ Er ist sehr unglücklich und verflucht seinen Reichtum.

☐ Er will all sein Geld für eine gute Ausbildung sparen.

☐ Er will endlich reisen und die ganze Welt sehen.

👦👦👦 Was würdest du machen, wenn du reich wärst?
Was würdest du dir sofort kaufen? Begründe.

Wer ist wer? – Kreuz und quer

 Wenn du den Roman aufmerksam gelesen hast, dann weißt du bestimmt, wer hier gemeint ist. Trage ein.

1) Ihr spielt Tom viele Streiche.
2) In sie war Tom zuerst verliebt.
3) Mit ihr verirrt sich Tom in einer Höhle.
4) Er ist Toms Halbbruder.
5) Mit ihm geht Tom auf Schatzsuche.
6) Er ist Toms bester Freund.
7) Er wird ermordet.
8) Er wird zuerst des Mordes verdächtigt.
9) An seinem Grab passiert der Mord.
10) So heißt der Pfarrer.

 Trage die Buchstaben in den Kreisen in der richtigen Reihenfolge hier ein.

Lösungswort:

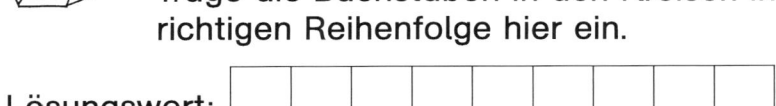

Trage die Zahlen aus dem Rätsel beim jeweils passenden Bild ein.

Der Schriftsteller Mark Twain

 Lies Mark Twains Biografie und ergänze dann die Angaben unten.

Mark Twain wurde als Samuel Langhorne Clemens am 30. November 1835 geboren. Schon früh zog die Familie nach Hannibal, einem kleinen Städtchen am Mississippi. Als Samuel zwölf Jahre war, starb sein Vater. Samuel verließ die Schule und begann eine Schriftsetzerlehre bei einer Zeitung. Ab dieser Zeit schrieb er erste Artikel und Reiseberichte, die veröffentlicht wurden.

Im Alter von 18 Jahren absolvierte Clemens eine zweite Ausbildung zum Lotsen auf dem Mississippi. Aus dieser Zeit stammt auch sein Pseudonym. „Mark Twain" war ein Lotsenruf und bedeutete: „Zwei Faden Wassertiefe markieren!"

Im Jahr 1861 wurde die Eisenbahnstrecke fertiggestellt und der Amerikanische Bürgerkrieg brach aus. Aus diesen Gründen wurde die Schifffahrt auf dem Mississippi eingestellt und Clemens wurde arbeitslos. Er arbeitete wieder als Reporter und Korrespondent in verschiedenen Staaten der USA, in Europa und im Nahen Osten. Die Geschichte „Jim Smiley and His Jumping Frog" (1865) war so erfolgreich, dass Twain ab dieser Zeit als professioneller Autor leben konnte.

Nach seiner Heirat mit Olivia Langdon im Jahr 1870 zog Twain nach Hartford, Connecticut, wo er als erfolgreicher Autor lebte. 1874 erschien mit „Tom Sawyers Abenteuer" eines seiner bekanntesten Werke.

Nachdem er zu etwas Wohlstand gekommen war, kaufte er Anteile einer Druckerei und eines Verlags. Doch eine Fehlinvestition in der Druckerei trieb ihn 1894 in den finanziellen Ruin. Mithilfe von Reisen durch die ganze Welt, auf denen er aus seinen Werken vorlas, konnte er seine Schulden bezahlen. Mark Twains Leben wurde von vielen Schicksalsschlägen überschattet: Er überlebte drei seiner vier Kinder und seine Frau Olivia. Er selbst starb am 21.4.1910 in Redding, Connecticut, als berühmter Schriftsteller.

Name: _____

Vornamen: _____

Pseudonym: **Mark Twain**

Geburtstag: _____

Familienstand: _____

Ausbildung und Berufe: _____

_____

Literarische Erfolge: _____

_____

Sonstiges: _____

_____

Todestag: _____

Mark Twains Erzählstil

Mark Twain hat im „Tom Sawyer" ursprünglich einen ausführlicheren Gottesdienst beschrieben. Die unten stehende Passage ist Teil dieser Beschreibung, in der sich Twain der Ironie bedient, einem Stilmittel, das er sehr häufig anwandte.

 Wo ist bei dem abgedruckten Text Ironie zu erkennen?

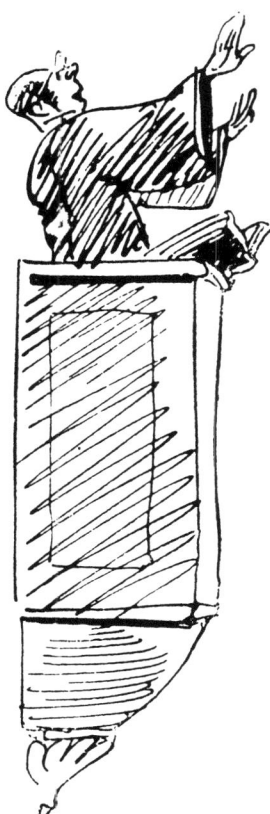

> Der Pfarrer las den Text des ersten Liedes vor. Er las mit Genuss und in einer seltsamen Betonung, die sehr bewundert wurde. Nachdem das Lied gesungen worden war, wurde gebetet. Es war ein gutes und großzügiges Gebet, das nicht die kleinste Kleinigkeit vergaß: für die Gemeinde, für andere Gemeinden und Kirchen des Ortes, für den Ort, für den Landkreis, für den Staat, für die Bediensteten des Staates, für die gesamten Vereinigten Staaten, für die Kirchen der Vereinigten Staaten, für das Parlament, für den Präsidenten, für arme Seeleute in stürmischer See, für die armen Menschen in Europa, die unter ihren Königen litten, für die Heiden und zuletzt dafür, dass die Worte des Pfarrers in den Seelen fruchtbaren Boden fänden. Amen.

 Was will Mark Twain auf diese Weise sagen? Was kritisiert er?

 Schreibe eine Definition zum Begriff „Ironie" auf.

_____

_____

_____

 Suche im Roman nach weiteren Belegen für Mark Twains ironische, spöttische und humoristische Grundhaltung.

„Tom Sawyer" – ein Jugendbuch?

Lies das Geleitwort, das Mark Twain seinem „Tom Sawyer" vorangestellt hat, und die Sätze aus einem Brief, den er direkt nach Beendigung des Buches an seinen Freund und Verleger William Dean Howells schrieb.

Wie?
Nix für Kinder?

Fast alle Abenteuer, die in diesem Buch erzählt werden, haben sich wirklich so zugetragen. Ein oder zwei habe ich selbst erlebt, andere haben mir meine Schulkameraden berichtet. Huck Finn ist ebenfalls nach dem Leben gezeichnet. Das Gleiche gilt für Tom Sawyer, der allerdings nicht nur eine einzige Gestalt zum Vorbild hat, sondern in sich die Charaktereigenschaften von drei unterschiedlichen Jungen vereinigt.

Der seltsame Aberglaube, der immer wieder zur Sprache kommt, war in der Zeit, in der diese Geschichte spielt, also vor etwa 30, 40 Jahren unter den Kindern und unter den Sklaven des Westens weit verbreitet.

Auch wenn mein Buch in erster Linie zur Unterhaltung von Jungen und Mädchen geschrieben ist, so hoffe ich doch, dass es auch von Männern und Frauen nicht gemieden wird. Denn ich möchte auch die Erwachsenen daran erinnern, dass sie einst selbst jung gewesen sind, und ihnen ins Gedächtnis rufen, wie sie damals gefühlt, gedacht und geredet haben, und auf welch seltsame Abenteuer sie sich manchmal eingelassen haben.

Hartford 1876   *Der Verfasser*

Dies ist keinesfalls ein Jugendbuch. Lesen werden es ausschließlich Erwachsene. Geschrieben ist es ausschließlich für Erwachsene.

Der Empfänger des Briefes, W. D. Howells, riet dennoch dazu, den „Tom Sawyer" als Jugendbuch zu veröffentlichen. Und Mark Twain schloss sich, wie du dem oben abgedruckten Vorwort entnehmen kannst, diesem Rat an. Warum wohl?

_____

_____

_____

_____

_____

Meine Meinung zu „Tom Sawyer"

✏️➤ Kreuze an, wie dir das Buch von Mark Twain gefallen hat, und begründe deine Meinung.

☐ Ich finde das Buch toll.   ☐ Das Buch hat mir nicht besonders gefallen.

☐ Mir gefällt das Buch ganz gut.   ☐ Ich habe das Buch gar nicht gern gelesen.

Begründung: _____

_____

_____

✏️➤ Welche Art von Geschichte ist „Tom Sawyer" für dich in erster Linie? Kreuze an.

☐ Abenteuerroman   ☐ Liebesgeschichte

☐ Schulgeschichte   ☐ Krimi

☐ Lausbubengeschichte

✏️➤ Zeichne eine Szene aus dem Buch, die dich besonders beeindruckt hat.

Vergleicht eure Bilder und besprecht, warum ihr gerade diese Szene ausgesucht habt.

✏️➤ Über diese Themen des Romans würde ich gern noch mehr lesen:

_____

_____

Literatur und Verfilmungen

Sekundärliteratur (Auswahl)

- Ayck, Thomas: *Mark Twain* (= Rowohlt Bild Monographien Bd. 211). Reinbek bei Hamburg (Rowohlt) 1974.

- Becker, Susanne: *„I have no love for children's literature"*. Mark Twains „Tom Sawyer" und „Huckleberry Finn". In: Bettina Hurrelmann (Hrsg.): *Klassiker der Kinder- und Jugendliteratur.* Frankfurt a. M. (S. Fischer) 1995, S. 319–338.

- Beer, Ernst: *Vernichtungs- und Rettungsphantasien in der Kinder- und Jugendliteratur.* In: Sylvia Zwettler-Otte (Hrsg.): *Von Robinson bis Harry Potter. Kinderbuch-Klassiker psychoanalytisch.* München (dtv) 2002, S. 41–62.

- Bernhard, Norbert: *Tarzan und die Herrenrasse. Rassismus in der Literatur.* Basel (Lenos) 1986.

- Breinig, Helmbrecht: *Mark Twain. Eine Einführung in sein Werk.* Darmstadt (WBG) 2011.

- Guggisberg, Hans R.: *Geschichte der USA.* Stuttgart (Kohlhammer; 4., erw. u. aktualisierte Auflage) 2002.

- Lange, Günter (Hrsg.): *Kinder- und Jugendliteratur der Gegenwart.* Baltmannsweiler (Schneider Verlag Hohengehren) 2018.

- Mederer, Hanns Peter: *Der unterhaltsame Aberglaube. Sagenrezeption in Roman, Erzählung und Gebrauchsliteratur zwischen 1840 und 1855.* Aachen (Shaker Verlag) 2005.

- Moltmann, Günter: *USA-Ploetz. Geschichte der Vereinigten Staaten zum Nachschlagen.* Freiburg (Ploetz) 1998

- Petzold, Dieter: *Die Rezeption klassischer englischsprachiger Kinderbücher in Deutschland.* In: Hans-Heino Ewers/Gertrud Lehnert/Emer O'Sullivan (Hrsg.): *Kinderliteratur im interkulturellen Prozess. Studien zur Allgemeinen und Vergleichenden Kinderliteraturwissenschaft.* Stuttgart (Metzler) 1994, S. 78–91.

- Wehr, Christian: *Lexikon des Aberglaubens.* München (Heyne) 1991.

Verfilmungen (Auswahl)

- *Tom Sawyer* (USA 1918), mit Jack Pickford als Tom, Regie: William Taylor (Stummfilm)

- *Tom Sawyer* (USA 1930), mit Jackie Coogan als Tom, Regie: John Cromwell

- *Toms Abenteuer* (USA 1938) mit Tommy Kelly, David Holt und May Robson, Regie: Norman Taurog

- *Tom Sawyers und Huckleberry Finns Abenteuer* (BRD/F/Rumänien 1968, TV-Serie), mit Roland Demongeot als Tom und Lina Carstens als Tante Polly, Regie: Wolfgang Liebeneiner

- *Tom Sawyer* (USA 1973), mit Johnny Whitaker als Tom

- *Die Abenteuer von Tom Sawyer und Huckleberry Finn* (D/CAN 1980, TV-Serie), mit Ian Tracey als Tom

- *Tom Sawyers Abenteuer* (Japan 1980, Anime = japanischer Trickfilm mit typischem Zeichenstil)

- *Sawyer and Finn* (USA 1983, TV-Drama), mit Peter Horton als Tom (beschreibt dessen Abenteuer als Erwachsener)

- *Tom und Huck* (USA 1995), mit Jonathan Taylor Thomas als Tom, Brad Renfro als Huck und Rachael Leigh Cook als Becky, Regie: Peter Hewitt

- *Tom Sawyer* (D 2011), mit Louis Hofmann, Heike Makatsch, Benno Führmann, Joachim Król und Peter Lohmeyer, Regie: Hermine Huntgeburth